핀터레스트 완전정복

김석기 지음

'핀(Pin)'은 종이나 사신 등을 고정시키는 핀을 의미하며 핀터레스트에 사진을 올리는 것 역시 '핀'이라고 부릅니다. 메모판에 사진을 핀으로 붙이듯이 가벼운 마음으로 핀터레스트를 시작해 보세요. Just Pin it!

머릿말

트위터, 페이스북에 이은 새로운 소셜 네트워크의 강자 핀터레스트의 시대 도래. 역사상 가장 빠른 속도로 페이스북보다 빠르게 성장하고 있는 소셜 서비스

이제까지 수 많은 인터넷 서비스들을 보면서 가장 강력하다고 생각한 서비스는 바로 페이스북 입니다. 전세계에서 8억 5천 만 명이 사용하는 페이스북은 창업자인 마크 저커버그(Mark Zuckerberg)를 20대의 나이에 세계에서 가장 큰 부자 중 한 명으로 만들었습니다.

페이스북의 마크 저커버그는 핀터레스트를 트위터나 구글 플러스보다 더 자주 이용한다고 합니다. 오바마 미국 대통령 역시 핀터레스트 사용자이고, 미국 육군은 핀터레스트를 공식 서비스로 도입하여 전 군에서 핀터레스트를 사용하고 있습니다. 어떤 매력이 마크 저커버그와 오바마 대통령을 열렬한 핀터레스트 팬으로 만들었을까요?

SNS의 제왕인 마크 져커버그가 열광하며 사용하는 "핀터레스트"

핀터레스트는 2011년 12월 말을 기준으로 월간 1,170만명이 사용하여 역사상 가장 짧은 기간 동안 1,000만 명이 넘은 서비스라는 기록을 세웠습니다. 이 기록은 트위터나 심지어 페이스북 보다 빠른 신기록입니다. 2012년에 들어서는 매달 50% 이상 성장해 폭발적인 성장을 하고 있습니다.

외형적으로 사용자가 늘어나는 것 뿐만 아니라 사용자들이 핀터레스트를 사용하는 시간 역시 경이적입니다. 트위터의 평균 하루 사용시간은 21분, 링크딘의 평균 하루 사용 시간은 17분이고 구글플러스는 불과 3분입니다. 핀터레스트의 하루 평균 사용시간은 무려 89분으로 트위터와 링크딘, 구글 플러스를 모두 합친 것보다 많습니다. 더 놀라운 사실은 이런 대형 서비스를 운영하는 핀터레스트의 직원수가 전부 30명도 채 안된다는 사실이었습니다.

핀터레스트의 하루 평균 사용 시간은 트위터와 구글플러스, 링크딘을 합한 것보다 많다.

핀터레스트의 창업자이자 CEO인 아이오와 출신의 벤 실버먼은 예일대를 졸업하고 구글에 다니면서 영업을 담당하였는데, 당시 유행하던 트위터를 보면서 글자가 아닌 시각적인 방법을 통해 SNS를 할 수 없을까 고민하였습니다. 그에게 새로운 서비스에 대한 영감을 준 것은 다름 아닌 메모판에 붙어 있는 메모지와 사진들이었습니다. 냉장고나 메모판에 핀으로 꽂아 놓은 사진들처럼 인터넷에서 가상의 메모판에 사진을 붙이고 사람들이 편리하게 공유할 수 있도록 하겠다는 아이디어를 구체화시킨 서비스가 바로 핀터레스트였습니다.

핀터레스트(Pinterest)는 핀(Pin)과 흥미(Interest)를 합친 말로서 메모판에 핀을 꽂아 사진을 붙이듯이 자신의 관심사에 관한 사진이나 동영상을 게시하고 다른 사람들과 공유하는 새로운 개념의 소셜 네트워크 서비스입니다. 핀터레스트에 접속하면 핀터레스트에 올라와있는 멋진 사진들을 보는 것 만으로도 시간이 훌쩍 지나가 버립니다. 이미지가 중심이 되는 SNS인 핀터레스트는 사진을 올리거나 그것도 귀찮으면 다른 사람이 올린 사진을 공유하는 것만으로도 다른 사람들과 소통할 수 있습니다.

    핀터레스트는 페이스북과 달리 '관심사' 중심으로 소통을 하는 소셜 네트워크 서비스 입니다. 사람의 관심사라는 것은 그것을 좋아하는 사람 이외의 사람들에게는 별다른 감흥을 주지 못합니다. 내가 좋아하고 자랑하고 싶은 것들을 자랑하려면 그 상대도 그것에 대해 관심이 있어야 합니다. 핀터레스트는 같은 관심사를 가진 사람들을 사진을 통해 연결해 줍니다.

핀터레스트로 시작하는 강력한 비쥬얼 소셜 마케팅

    게스는 2012년 신상품 프로모션을 진행하면서 프로모션 상품으로 단지 게스 바지 네 벌을 걸었을 뿐이었습니다. 핀터레스트의 강력한 비쥬얼 소셜 마케팅 기능은 거의 비용을 들이지 않고도 효과적으로 프로모션을 가능하게 합니다.

    많은 기업들이 핀터레스트를 통해 적은 비용으로 마케팅과 프로모션을 진행하여 큰 효과를 보고 있으며 더 많은 작은 기업들 및 공예가나 프리랜서들이 핀터레스트를 이용하여 자신이 만든 제품과 서비스를 성공적으로 판매하고 있습니다. 마케팅을 위한 프로모션 뿐 아니라 일상적인 활용도도 매우 큽니다. 핀터레스트는 무엇을 하기 위해 쓰인다는 제한을 둘 필요가 없습니다. 소소한 일상의 기록부터 시작해서 여러 명이 같이 작업하는 프로젝트의 아이디어회의에 이르기까지 핀터레스트는 무엇이든지 가능합니다.

핀터레스트를 사용해서 결혼에 필요한 계획을 세우거나 쇼핑에 필요한 목록의 작성, 집안 인테리어 계획, 여행을 위한 아이디어의 수집이나 계획, 캠핑에 필요한 용품을 위한 준비 등 필요한 것은 어떤 것이든지 보드를 사용하여 모으고 기획할 수 있습니다.

해외 블로그에서 핀터레스트의 폭풍 성장에 대한 포스트를 접한 후, 핀터레스트의 초대를 받아 핀터레스트를 사용하기 시작했습니다. 저자가 운영하는 IT전문 블로그인 '니오의 NWEB(www.nweb.kr)'에 핀터레스트 초대장을 나눠준다는 포스트를 올리자 바로 뜨거운 반응이 나타났습니다. 수 백 명이 블로그와 페이스북에서 핀터레스트 초대장을 요청한 것입니다. 이렇듯 많은 사람들의 관심이 집중되는 핀터레스트지만 아직 시작한 지 얼마 안된 해외 서비스이기에 한글이 지원되지 않아 한국 사용자들에게 거리감이 있는 것이 사실입니다. 이 책은 한글이 지원되지 않아도 불편하지 않게 핀터레스트를 사용할 수 있도록 서비스 전체를 한글로 번역하였고, 쉽게 이해하고 따라 할 수 있도록 만들어 졌습니다.

마지막으로 이 책을 쓰는데 바로 옆에서 적극 도와준 아내에게 깊은 감사를 드립니다. 물심양면으로 지원해 주신 RHK 양원석 사장님, 김경만 상무님과 책을 쓰는데 많은 영감을 주신 PAG 회원 여러분들께도 감사의 마음을 전합니다.

2012. 5. 11. 김석기

추천하는 글

ⓟ 페이스북과 트위터의 폭풍이 우리나라에서도 시작되고 있는 지금, 앞서 가는 이들은 그 다음을 준비해야 한다. 페이스북과 트위터가 글자 기반의 소셜 서비스였다면 핀터레스트는 사진 기반의 소셜 서비스가 어떻게 우리 곁에 다가올지를 잘 말해주고 있다.

· **황병선** 청강대 모바일스쿨 스마트폰 전공 대표교수 / 블로그_퓨처워커들의 모바일 U-Platform 이야기 (퓨처워커)

ⓟ 무언가 기억하고 싶을 때 핀으로 꽂아두는 사람들의 오랜 습관을 온라인으로 구현하면 어떤 일이 벌어질까. 핀터레스트는 이런 아주 간단한 발상의 전환을 통해 세상에서 가장 빠르게 성장하는 서비스가 되었다. 페이스북에 2012년 상반기에 인수된 인스타그램이 10억 달러였는데 핀터레스트의 기업가치는 무려 77억 달러에 이른다. 검색과 블로그, 그리고 트위터와 페이스북에 이르기까지 미디어 빅뱅 흐름에서 당당히 메가 트렌드로 우뚝 선 핀터레스트. 이 책은 놀랍도록 직관적으로 핀터레스트와 친해지는 법을 제시한다.

· **명승은** 벤처스퀘어 대표 / 블로그_그만의 아이디어 (그만)

ⓟ 저자는 핀터레스트의 사용법을 아주 상세하게 설명해주고 있다. 그렇다

고, '핀터레스트 완전정복'이 일반 사용자들만을 위한 도서는 아니다. 전문가들이 알고 있어야 할 핀터레스트의 특징, 트렌드와 다양한 시장 자료를 포함하고 있다. 핀터레스트에 대한 조그마한 궁금증이 있다면 주저없이 이 책을 선택하기 바란다.

· **김승열** 다음커뮤니케이션 팀장 / 블로그_모바일 컨텐츠 이야기 (모비즌)

Ⓟ '초보자를 위한 핀터레스트에 관한 최적의 입문 활용서'라는 표현이 이 책을 가장 잘 설명하는 문장일 것이다. 국내 최초의 핀터레스트 관련 책이라는 사실만으로도 의미가 있는데 번역본이 아니다. IT전문가인 저자의 식견을 바탕으로 쓴 한국인을 위한 핀터레스트 입문 활용서다. 더 이상 부연 설명 필요 없이 강력 추천한다.

· **김중태** IT문화원 원장 / '비지니스 미래지도' 저자

Ⓟ 몇 년 전부터 불기 시작했던 SNS 시장에 새로운 돌풍을 여는 이가 있는데, 그 수역 중 하나는 핀터레스트라는 서비스이다. 기존의 글을 기반으로 하는 페이스북이나 트위터와 다르게 사진을 기반으로 사람들과 관계를 형성하는 SNS 서비스인데, 글과 다르게 사진을 기반으로 하다 보니 많은 이들이 쉽게 접근을 하고 이용하게 되는 서비스라 볼 수 있다. 특히 20~30대 고학력 여성분들의 사용비율이 매우 높은 편인데, 사진과 여성을 기반으로 한다는 점에서 많은 사람들의 관심을 불러 일으키고 있으며, 사용자들이 최근 들어 빠르게 늘어나고 있는 서비스라 개인적으로 관심가

지고 사용하고 있는 서비스인 것 같다. 그런 연유로 핀터레스트에 대해 책이 나온다고 하니 서비스에 대한 이해와 이를 마케팅적으로 어떻게 활용할 지에 대한 이야기를 담고 있으면 좋겠다는 생각을 했는데, "핀터레스트 완전정복"은 그런 기대에 저버리지 않고 이 둘을 적절하게 잘 다루고 있어 마음에 쏙 드는 책이다. 특히 저자 본인의 사용 사례를 바탕으로 자칫 지루해질 수 있는 이야기들을 짧게 다루어 흥미를 배가시켰으며, 중간 중간에 나오는 사진들은 서비스를 실제 사용하는 것 같이 적절하게 배치하여 흥을 돋구는 역할을 하고 있어 이야기의 감칠 맛을 더하고 있다.

"핀터레스트 완전정복"의 이런 흥미로운 구조는 핀터레스트를 처음 사용하게 될 사용자들에게도 좋은 도움이 될 뿐만 아니라, SNS를 이전에 사용했지만 사진 기반의 SNS인 핀터레스트를 어떻게 활용할 지에 대해 고민하는 이들에게도 재미를 줄 수 있을 것 같다. 그 중에서 재미있게 본 부분은 "가격표 붙이기"라든가 "핀터레스트 프로모션 구조" 등을 다루고 있는 글타래인데, 핀터레스트를 이용해서 개인 쇼핑 몰 홍보 등 마케팅적으로 핀터레스트를 활용하고 싶은 분들은 한 번쯤 읽어봐야 대목이지 않을까 한다.

핀터레스트를 처음 사용해보고 싶은 분과 이전에 가입을 해 봤지만 아직까지 이 서비스를 제대로 사용해보지 못해본 분들에게 이 책을 권하고 싶고, 반나절 정도의 시간 투자 만으로도 많은 아이디어를 얻을 수 있다고 보기에 꼭 한 번쯤 읽어보시라고 이야기 드리고 싶다.

· **박성혁** 딜로이트 컨설팅 이사 / 블로그_세상을 보는 또 다른 시선 (5th Rock)

ⓟ 트위터와 페이스북으로 대별되는 소셜 웹 플랫폼 경쟁에 최근 인터넷의 사진이나 자신이 모바일로 찍은 사진에 간단히 핀을 꽂아 공유하는 핀터레스트라는 서비스가 혜성처럼 나타나 돌풍을 일으키고 있다. 저자는 핀터레스트를 간단히 사용하는 방법을 쉽게 설명할 뿐 아니라 마케팅을 비롯한 다양한 핀터레스트의 활용사례까지 매우 친절하게 소개하고 있다. 새로운 돌풍의 서비스라 관심은 가지만 망설이고 있을 많은 분들에게 이 책을 권한다.

· 정지훈 관동대학교 의과대학 IT 융합연구소 교수 / 블로그_하이컨셉 & 하이터치 (하이컨셉) / '제4의 불' 저자

ⓟ 이 책은 핀터레스트를 사용하는 방법을 가장 스마트하고 쉽게 설명한 책이다. 아마존에서 현재 팔리고 있는 그 어떤 핀터레스트 책과 비교해도 손색이 없으며 사용 방법에서 활용 그리고 마케팅에 이르기까지 핀터레스트의 모든 것에 대해 꼼꼼하게 잘 쓴 책이다. 한국 핀터레스트 사용자 모임에서는 이 책 '핀터레스트 완전정복'을 공식적인 핀터레스트 가이드로서 자신있게 추천한다.

· 한국 핀터레스트 사용자 모임 Korea Pinners
http://www.facebook.com/groups/koreapinners/

CONTENTS

머릿말 | 4　　추천하는 글 | 8　　차례 | 12
이 책에 관해 | 18　　주요 용어 | 20

1 핀터레스트 소개

작은 벤처가 만든 핀터레스트 | 28
핀터레스트의 유래 | 30
핀터레스트는 어떤 서비스? | 34
- 트위터, 페이스북과의 차이점은? | 35
- 관심사 중심의 SNS인 핀터레스트 | 38
- 단순함이 매력인 핀터레스트의 힘 | 40
- 핀터레스트로 무엇을 하나요? | 41

2 핀터레스트 시작하기

시작 전 핀터레스트 둘러보기 | 48
- 핀터레스트 홈 화면 둘러보기 | 48
- 핀터레스트 상단 메뉴 둘러보기 | 51
- 핀터레스트 핀 화면 둘러보기 | 54

핀 에티켓 | 56
- 핀터레스트의 예의 핀 에티켓 | 56

3 핀터레스트 가입하기

핀터레스트 가입하기 | 64
- 가입을 위한 초대 요청하기 | 64
- 핀터레스트 가입하기 | 68
- 페이스북 계정 연동하기 | 69
- 트위터 계정 연동하기 | 71
- 핀터레스트 계정 만들기 | 74
- 핀터레스트 로그인하기 | 76

4 기본 기능 사용하기

로그인 후 화면 둘러보기 | 82

핀과 보드 만들기 | 84
- 핀터레스트에 사진을 붙여보자 | 84
- 핀 추가(Add a Pin) | 85
- 핀 업로드(Upload a Pin) | 87
- 보드 만들기(Create a Board) | 88
- 보드 커버 관리하기 | 90

5 소셜 기능 사용하기

소셜 기능 사용하기 1 | 96

자기 소개 잘 만들기 | 96
다른 사람 팔로잉 하기 | 98
지인을 초대하는 방법 | 101
이메일로 초대하기 | 102
구글 계정으로 초대하기 | 103
야후 계정으로 초대하기 | 105

소셜 기능 사용하기 2 | 106
리핀하기(Repin) | 107
좋아요 하기(Like) | 107
댓글달기(Comment) | 107
가격표 붙이기 | 110
핀잇 버튼 이용하기 | 112

6 사용환경 설정하기
환경 설정 | 120

7 핀터레스트 앱 사용하기
아이폰용 핀터레스트 앱아이폰용 | 130
핀터레스트 앱 기능 알아보기 | 131
핀터레스트 앱 설치하기 | 132
핀터레스트 앱 실행하기 | 135

핀터레스트 앱으로 촬영하기 | 140
핀터레스트 앱으로 핀하기 | 141
핀한 사진 확인하기 | 142
페이스북에 올라간 사진 확인하기 | 143

8 핀터레스트 활용하기

핀터레스트를 사랑하는 이유 | 148
핀터레스트 활용 방법 | 150
자기 표현과 즐거움을 위한 핀터레스트 활용 | 150
생활 계획을 위한 핀터레스트 활용 | 152
쇼핑을 위한 핀터레스트 활용 | 154
요리를 위한 핀터레스트 활용 | 156
집안 꾸미기를 위한 핀터레스트 활용 | 158
여행 계획을 위한 핀터레스트 활용 | 162
핀터레스트를 북마크 사이트로 활용 | 164
핀터레스트 팔로우 활용하기 | 167
꾸준히 피닝하기 | 168
먼저 친구 팔로잉 하기 | 170
다른 사람들과 그룹 보드 활용하기 | 172
해시 태그 활용하기 | 174
하이 퀄리티 피닝하기 | 176
사이트(블로그)에 팔로우 버튼 달기 | 178

9 핀터레스트 마케팅

서비스적인 특성 | 184
- 핀터레스트의 폭풍 성장세 | 185
- 최고 수준의 사용시간 | 186
- 트위터와 대등한 리퍼럴 트래픽의 영향력 | 188
- 핀 출처 | 190
- 가장 인기있는 보드들 | 192

사용자 특성 | 194
- 남녀 사용자 비율 | 195
- 사용자 연령층 | 196
- 사용자 교육 수준 | 197
- 사용자 연간 가구 소득 분포 | 198
- 사용자의 인구 통계학적인 특성 | 200

마케팅적인 특성 | 202
- 핀터레스트 마케팅 전략 수립 시 고려 사항 | 203
- 핀터레스트 마케팅 전략 수립 포인트 | 204
- 핀터레스트 마케팅 목표 | 206
- 브랜드 이미지 강화 | 208
- 핀터레스트 콘텐츠 강화 | 210
- 핀터레스트 홍보 강화 | 212
- 핀터레스트 마케팅 운영 | 214
- 핀터레스트 Top Follow 10 | 215
- 핀터레스트 프로모션 구조 | 216

기업 브랜딩 사례 | 218
  GE 제네럴 일렉트릭 | 218
  birchbox.com | 219
  ideeli.com | 220
  Etsy.com | 221
  GAP | 223

기업 프로모션 사례 | 224
  게스의 Color Me Inspired | 224
  영국 bmi 항공사의 핀터레스트 로또 | 228
  컨퓨즈드의 Driving in Heels Competition | 230
  갭의 T셔츠 Competition | 232

About This Book
이 책에 관해

용어 표기

영어로 된 용어는 한국어로 표기하며 처음 나올 때 영어를 병기합니다.

예 : 핀터레스트(Pinterest), 보드(Board), 팔로잉(Following)

핀에 대한 표현

핀터레스트의 주요 기능인 핀(Pin)은 '핀을 꽂다'라는 뜻의 동사와 '핀으로 꽂은 사진'을 의미하는 명사로서 중의적으로 사용됩니다. 둘을 구분하기 위해 '핀을 꽂는 행위'를 설명 할 때는 피닝(Pinning), 사진을 설명 할 때는 핀(Pin)이라고 표현합니다. 리핀(Repin)역시 동일하게 사용됩니다.

관용적 표현

핀터레스트 서비스 내에 영어로 된 대화창을 해석 할 때는 일반적으로 사용되는 관용적 표현으로 의역해서 사용합니다. 특정 버튼이나 메뉴를 지칭 할 때는 ' '를 사용하여 영어단어 그대로 씁니다.

예 : browsing the web → 웹서핑, Like → 좋아요, 'Comment'→ 해설 혹은 댓글

메시지의 번역

핀터레스트 서비스 내 영어문장의 경우 바로 아래 한국어 번역을 붙여 쉽게 이해할 수 있게 했습니다.

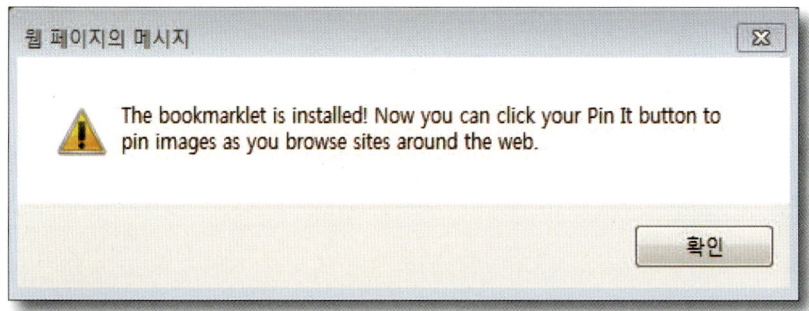

| 번 역 | 북마클릿이 설치되었습니다. 지금부터 핀잇 버튼을 클릭하여 웹서핑을 하면서 이미지들을 핀할 수 있습니다. |

버튼 클릭 표시

설명 중 버튼이나 링크의 클릭해야 하는 부분은 [클릭]으로 대괄호를 이용해 표시하였습니다.

예 : [Sign Up with Facebook] 버튼을 클릭합니다.

핀터레스트 팁

책의 페이지 뒤 쪽에 '핀터레스트 팁'은 핀터레스트 사용 시 도움이 될만한 짤막한 내용을 정리하여 놓았습니다. ⓟ핀터레스트 팁 :

핀잇 버튼 표시

책을 보고 순서대로 따라 하는 곳에는 핀잇 버튼 표시를 붙여 놓았습니다.

Terminology
주요 용어

핀터레스트를 사용 할 때 알아야 하는 용어들이 있습니다. 물론 서비스를 사용하다 보면 자연스럽게 알아가기는 합니다만 먼저 한번 읽어두면 훨씬 더 빨리 핀터레스트에 익숙해 질 수 있습니다.

핀(Pin)

핀(Pin)은 메모판에 사진이나 메모지를 고정시킬 때 꽂아놓는 핀을 말합니다. 핀터레스트에서 역시 같은 의미로 사용됩니다.

핀터레스트에 자신이 원하는 사진을 올리는 것을 '핀(Pin) 한다' 또는 '피닝

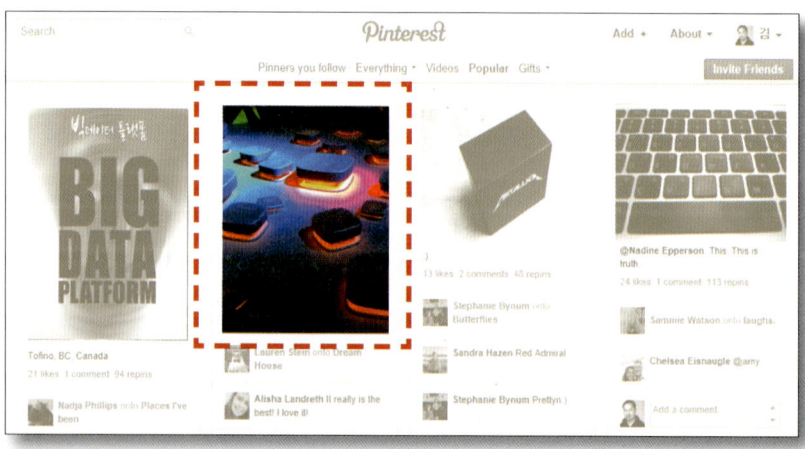

▲ 빨간 사각형 안의 사진을 핀(Pin)이라고 합니다

(Pinning)한다'라고 표현합니다. 동시에 이미 꽂아 놓은 사진을 '핀'이라고 부르기도 합니다.

핀터레스트에서 핀은 사진을 메모판에 붙이는 행동을 말하는 것과 동시에 꽂아놓은 사진을 뜻합니다. 핀은 서비스 중 가장 중요한 개념입니다. 마치 포스트잇을 벽에 붙이듯이 다같이 보기 위해 사진을 게시하는 행동을 '핀'이라고 생각하면 됩니다.

보드(Board)

보드(Board)를 그대로 해석하면 사진을 붙이는 '판'이 됩니다. 말 그대로 사진을 모아 붙이는 장소 'Board'입니다. 이 보드는 사용하는 사람이 주제를 정해서 주제에 맞는 사진을 한데 모을 수 있게 해줍니다. 사진을 잘 찍는 기술도 중요하겠지만 자신이 잘 찍는 기술이 없어도 좋은 사진을 잘 고르는 안목만 있다면 훌륭한 보드를 구성할 수 있으며 다른 사람들에게 잘 보여줄 수도 있습니다.

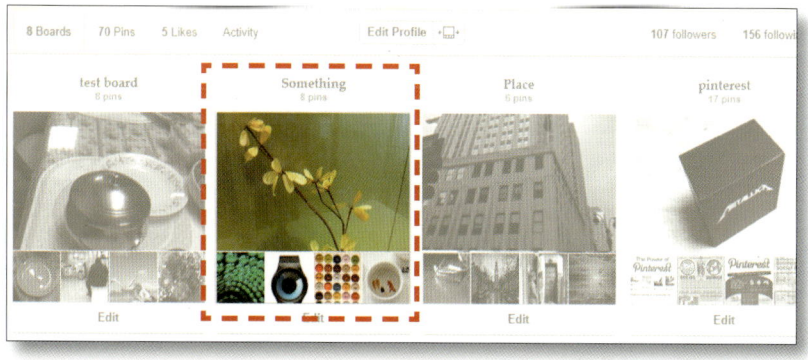

▲ 빨간 사각형 안의 사진들을 보드(Board)라고 합니다.

피너(Pinner)

구글을 사용하는 사람들을 '구글러(googler)'라고 부르는 것처럼 '피너(Pinner)'는 넓게는 핀터레스트를 사용하는 사용자를 뜻하며, 정확하게는 사진을 올린 사람을 바로 '피너'라고 합니다. 이처럼 핀터레스트에서 가장 중요한 '핀(Pin)'이라는 동사에 따라 핀을 하는 사람을 '피너(Pinner)'라고 부르는 것입니다.

리핀(Repin)

트위터에서 다른 사람이 올린 트윗을 내가 다시 올릴 때 우리는 '리트윗(re-tweet)' 또는 줄여서 '알티(RT)'한다고 하죠. '리핀(Repin)'은 'Re-Tweet'처럼 다른 사람이 올려 공유한(Pin) 사진을 다시(Re) 공유(Pin)하는 것을 의미합니다. 그래서 '리핀(Repin)'입니다.

쉽게 생각하면 다른 사람이 핀으로 붙여놓은 사진을 떼서 내가 가지고 있는 메모판에 사진을 고정시키기 위해 다시 핀으로 붙이는 작업이죠. 실제에서는 사진을 떼오면 원본이 옮겨가겠지만 디지털에서는 떼서 아무리 옮겨 붙여도 원본은 그대로 있습니다. 여러 사람이 리핀할 때마다 복제되어 사진을 공유하는 사람들의 수는 기하급수적으로 늘어나게 됩니다.

라이크(Like) : 좋아요

'라이크(Like)'는 페이스북에서 사용하는 '좋아요(Like)'과 똑같은 '라이크(Like)'입니다.

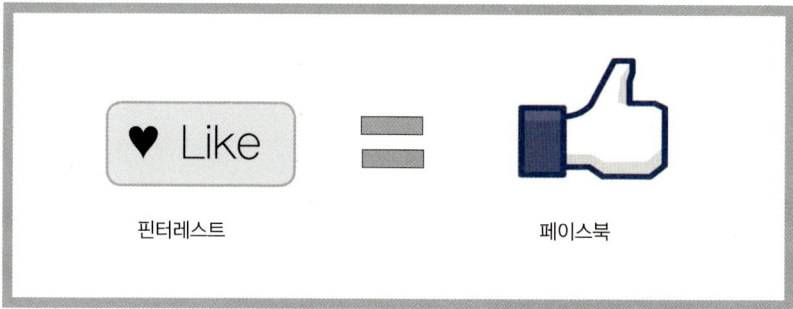

▲ 핀터레스트와 페이스북의 좋아요 비교

코멘트(Comment) : 댓글

코멘트는 내가 사진을 올리거나(Pin it) 다른 사람의 사진을 리핀할 때 간단히 의견이나 감상을 적을 수 있으며 핀과 상관없이 다른 사람이 올린 사진에 간단한 의견을 달 수 있습니다. 일반적인 게시판의 '댓글'과 같습니다.

팔로우(Follow) / 팔로잉(Following)

'팔로우(Follow) / 팔로잉(Following)'는 트위터에서 사용하는 '팔로우(Follow) / 팔로잉(Following)'과 같습니다. 따라서 '팔로우스(Follows)'의 의미 역시 동일합니다.

ⓟ 핀터레스트 팁 : 사진이 마음에 드시나요? 'Like'를 누르세요. 사진이 마음에 안 들어도 그 사진을 피닝한 사람과 친해지고 싶다면 역시 'Like'를 누르시기 바랍니다. 내가 'Like'를 많이 누를수록 다른 사람들도 내 사진에 'Like'를 눌러줍니다.

1. 핀터레스트 소개

핀터레스트는 비주얼 북마킹 툴로써 사용자들이 자신이 찍은 사진이나 웹에서 찾아낸 사진들을 모으고 손쉽게 공유할 수 있도록 해줍니다.

기본적인 개념은 실생활에서 볼 수있는 메모판을 온라인으로 가져온 것으로, 메모판이나 냉장고 문 대신 핀터레스트 핀 보드에 '핀'을 이용하여 사용자들의 취향이나 어떤 주제를 시각적으로 구성하는 것이 바로 핀터레스트 입니다.

1 핀터레스트 소개

첫 번째 장에서는 핀터레스트에 대해 전반적인 소개를 합니다. 핀터레스트 서비스의 성격, 다른 SNS 서비스와의 차이점 등 핀터레스트가 가지고 있는 특징과 매력을 알아보도록 하겠습니다.

이 장의 주요 내용

작은 벤처기업이 만든 핀터레스트
Pin과 Interest의 합성어 Pinterest
핀터레스트는 어떤 서비스 인가요?
트위터, 페이스북과의 차이점은?
관심사 중심의 SNS인 핀터레스트
단순함이 매력인 핀터레스트의 힘
핀터레스트로 무엇을 하나요?

작은 벤처가 만든 핀터레스트

▲ 핀터레스트의 직원들, 가운데가 창립자인 벤 실버먼 (사진출처 : 핀터레스트 홈페이지)

현재 1,700만명 이상의 사용자가 이용하고 있는 핀터레스트를 운영하고 있는 회사의 직원은 몇 명일까요? 놀랍게도 핀터레스트의 직원은 모두 29명(2012년 5월 기준) 밖에 되지 않습니다.

29명의 직원들이 이런 대용량 서비스를 무리없이 운영하고 있다는 것은 이 작은 회사의 기술력이 무척 뛰어나다는 것을 증명하고 있습니다.

'사람들의 흥미를 통해 사람들을 연결한다.(Our mission is to connect people through thier common interest)'라는 미션을 가진 콜드 브루 랩스(Cold Brew Labs)는 2009년 12월 핀터레스트의 개발을

시작했습니다.

  그리고 불과 3개월 후인 2010년 3월 클로즈드 베타 사이트가 오픈 하였습니다. 이후 서비스가 안정화 되면서 2010년 8월부터 초대장을 받아 가입할 수 있는 오픈 베타 사이트로 전환되었으며 현재까지도 초대장을 통해 가입하는 형식을 유지하고 있습니다.

  핀터레스트의 창업자이자 CEO인 아이오와 출신의 벤 실버먼은 예일대를 졸업하고 구글에 다니면서 영업을 담당하였는데, 당시 유행하던 트위터를 보면서 글자가 아닌 시각적인 방법을 통해 SNS를 할 수 없을까 고민하였습니다. 그에게 새로운 서비스에 대한 영감을 준 것은 다름 아닌 메모판에 붙어있는 메모지와 사진들이었습니다. 냉장고나 메모판에 핀으로 꽂아 놓은 사진들처럼 인터넷에서 가상의 메모판에 사진을 붙이고 사람들이 편리하게 공유할 수 있도록 하겠다는 아이디어를 구체화시킨 서비스가 바로 핀터레스트였습니다.

핀터레스트의 유래

핀터레스트는 핀(Pin)과 흥미(Interest)의 합성어로 '내가 흥미 있는 사진을 핀으로 메모판에 붙인다'는 것을 의미합니다. 2009년 12월 구글을 퇴사한 후 공동 창업자인 크리스 딕슨과 함께 콜드 브루 랩스를 창업하고 새로운 사업에 뛰어들었지만 처음 서비스 오픈 시부터 핀터레스트가 잘 나간 것은 아닙니다. ('핀터레스트'라는 서비스명은 창업자인 벤실버먼의 약혼녀가 지었습니다.)

2010년 말까지 핀터레스트의 사용자수가 1만 명 정도로 부진했었는데 이때 실버먼은 핀터레스트를 그만두고 다시 구글로 돌아가면 좋겠다는 생각을 하기도 했습니다. 하지만 곧 생각을 바꿔 적극적으로 고객의 목소리에 귀 기울이고 서비스를 개선하면서 상승세를 타기 시작했습니다.

2011년 초 핀터레스트는 창투사인 베시머 벤처파트너스가 주도한 100만 달러의 초기펀딩(시리즈A)을 받았으며 10개월 후인 2011년 10월에는 마크 안데르센(Marc Andreessen)과 벤 호로위츠(Ben Horowitz)의 벤처캐피털이 핀터레스트에 2,700만 달러를 투자하게 됩니다. 이 펀딩의 가치를 환산하면 서비스 개시 후 불과 1년 반 만에 핀터레스트는 2억 달러의 시장가치를 인정받은 것입니다. 현재의 핀터레스트의 시장가치는 무려 77억달러를 상회합니다.

핀터레스트는 가장 빠른 시간동안 1,000만 명의 사용자를 돌파하였으며 이 속도는 페이스북이 1,000만 명의 사용자를 돌파한 속도보다 빠릅니다. 또한 CNN은 핀터레스트를 '2012년에 가장 주목할 만한 사이트'로 선정하기도 했습니다. 벤 실버먼은 페이스북의 창업자인 마크 져커버거와 같은 20대 젊은이 입니다. 실제로 얼마전에 마크 져커버거가 핀터레스트의 열혈 사용자라는 것이 알려지면서 화제가 되기도 하였습니다. 벤 실버먼이 과연 제 2의 져커버그가 될 수 있을까요?

그는 한 컨퍼런스의 대담에서 핀터레스트에 대해 다음과 같이 말했습니다.

> "핀터레스트는 사람들이 원하면서도 알지 못했던 걸 발견하게 해준다. 핀터레스트의 가장 큰 목표는 예쁘고 단순한 것이다."

ⓟ 핀터레스트 팁 : 핀터레스트에서 사진에 대한 설명을 정확히 적음으로써 다른 사람들과 올바른 정보를 공유할 수 있을 뿐 아니라 올바른 코멘트에 의해 팔로우가 늘어나게 됩니다.

핀터레스트는 역사상 가장 빨리 성장하고 있는 웹 사이트 입니다. 특히 2012년에 들어선 이후 사용자수가 급격하게 증가하고 있습니다. 2009년 11월부터 시작한 짧지만 인상적인 핀터레스트의 역사 입니다.

NOV 2009
- 벤 실버만과 에반 샤프가 비쥬얼 콜렉션(Visual Collection)을 위한 웹 사이트를 디자인함. 벤의 약혼녀가 '핀터레스트(Pinterest)라 이름 붙임.

MAR 2009
- 핀터레스트 클로즈드 베타 서비스 시작

AUG 2011
- Time지 선정 '2011년 Best 50 웹 사이트' 선정

OCT 2011
- 안데르센 호로비츠로부터 2,700만 달러 투자받음. 회사 가치는 2억 달러

JAN 2012
- 페이스북에 첫번째 오픈그래프 타임라인 앱 설치
- TechCrunch로 부터 '2011년 Best New Startup'선정
- 최단 시간 사용자 수 1,000만 명 돌파

FEB 2012
- 공식적으로 소매 사이트에 몰아주는 트래픽이 링크딘, 유튜브, 구글+를 넘어섯음.
- 사용자 수 1,780만 명 달성

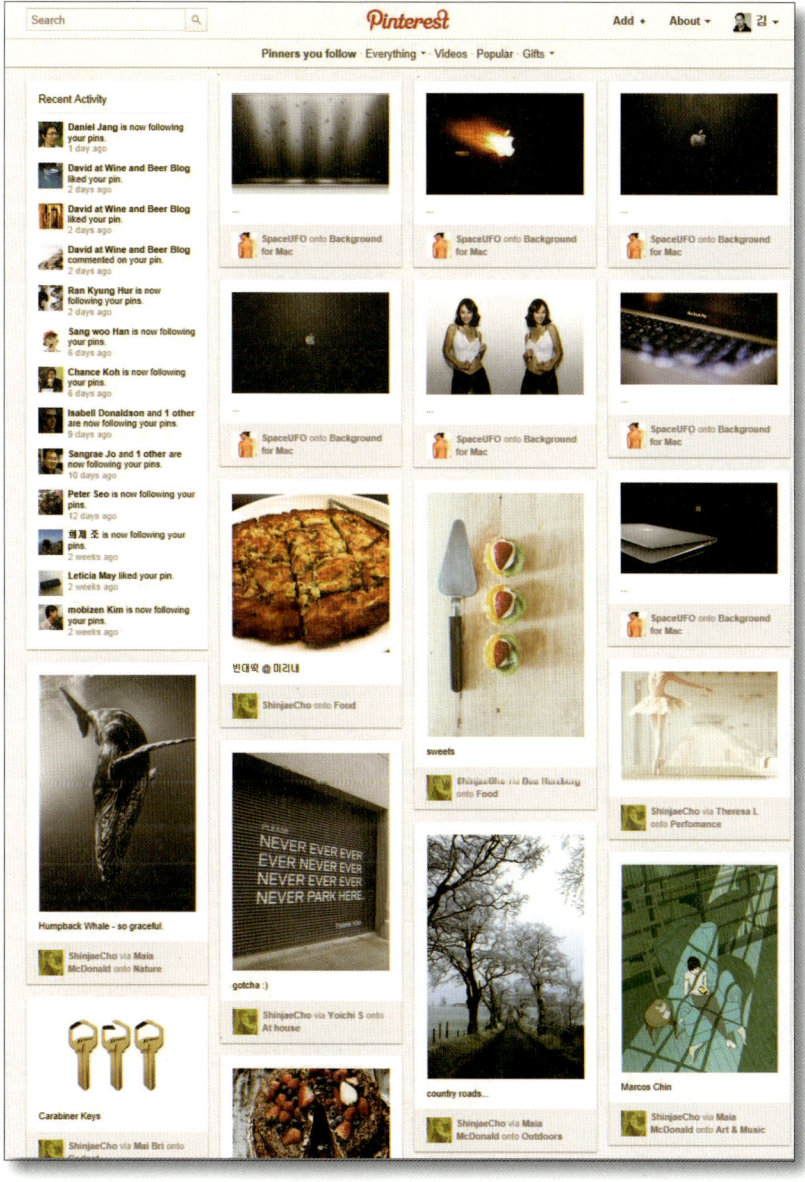

▲ 사진 중심의 서비스 핀터레스트 홈페이지

핀터레스트는 어떤 서비스?

핀터레스트는 메모판에 핀을 꽂아 사진을 붙이듯이 자신의 관심사에 관한 사진이나 동영상 등을 게시하고 다른 사람들과 공유하는 새로운 개념의 소셜 네트워크 서비스 입니다. 특히 SNS의 여러 기능 중에서 사진을

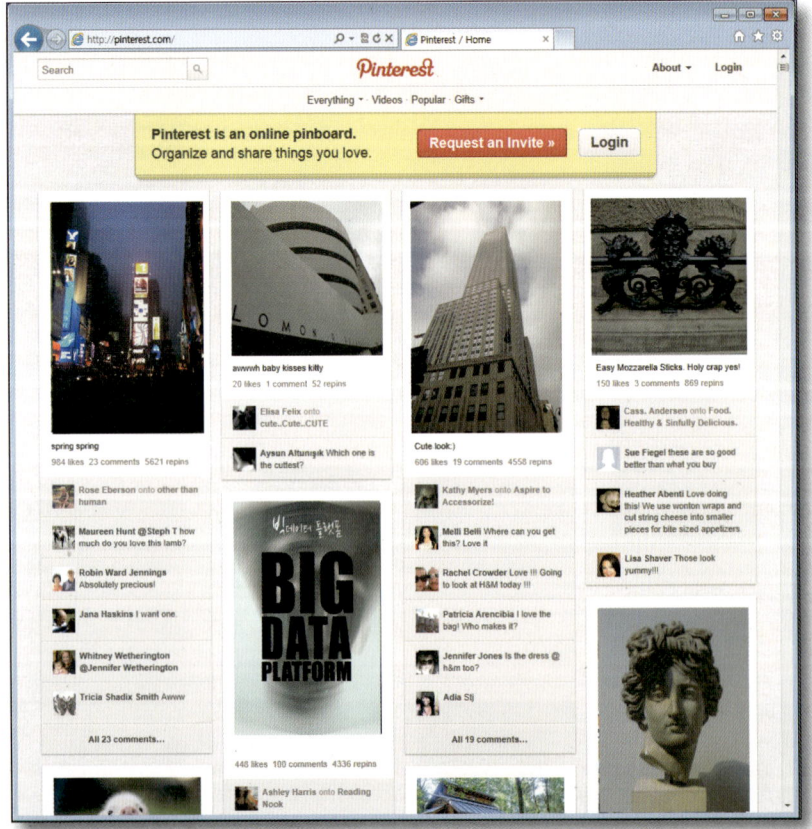

▲ 사진 중심의 서비스 핀터레스트

공유하는 기능에 초점을 맞춘 서비스라 할 수 있습니다. 같은 SNS 서비스라고 하지만 한 눈에 봐도 모습이 많이 다릅니다.

트위터, 페이스북과의 차이점은?

트위터는 문자 메시지처럼 글자를 중심으로 의견을 공유하고 있고, 페이스북은 개인의 프로필을 중심으로 이루어진 미니 홈피와 비슷한 모습입니다. 반면 핀터레스트의 화면을 보면 멋진 사진들로 가득 채워진 아주 시각적인 서비스입니다. 물론 핀터레스트는 사진이나 비디오만 올리는 것 뿐만 아니라 사진에 자신의 의견을 달 수 있습니다. 반대로 트위터나 페이스북 역시 사진을 게시하고 공유할 수 있는 기능이 있습니다.

▲ 글자 중심의 SNS 트위터

▲ 관계 중심의 SNS 페이스북

 페이스북과 다른 점은 사진 중심이라는 것도 있겠지만 가장 크게 다른 점은 SNS 내에서 맺는 관계의 형태가 다르다는 것입니다. 페이스북에서 자신과 연결되어있는 친구들은 대부분 현실 세계에서 실제로 알던 사람들과의 관계가 중심이 됩니다. 모르는 사람이라도 대부분 실제로 아는 친구의 친구일 경우가 대다수이죠. 핀터레스트는 페이스북과 달리 자신이 가진 '관심사'에 의해 다른 사람들과 관계를 맺는 특징이 있습니다.

 모든 SNS가 글과 사진을 올리고 공유하는 것은 마찬가지이지만 트위터나 페이스북은 글이 중심이 되고 사진이 글을 도와주는 역할을 많이 하는데 반해 핀터레스트는 사진을 중심으로 이야기를 풀어갑니다.

핀터레스트의 가장 기본적인 기능은 자신이 마음에 드는 사진을 골라 모아 놓는 것부터 시작됩니다. 그 사진은 자신이 직접 찍은 것일 수도 있고 또는 인터넷 서핑 중 고른 마음에 드는 사진 일 수도 있습니다.

이렇게 모은 사진을 다른 모든 사람들이 함께 볼 수 있는 게시판에 붙여 공유하면 다른 사람들도 비슷한 주제의 사진을 모아 붙이거나 붙어있는 사진 중 마음에 드는 사진을 공유합니다. 그리고 붙어있는 사진에 대해 다같이 이야기합니다. 핀터레스트에서의 관계는 그렇게 시작합니다.

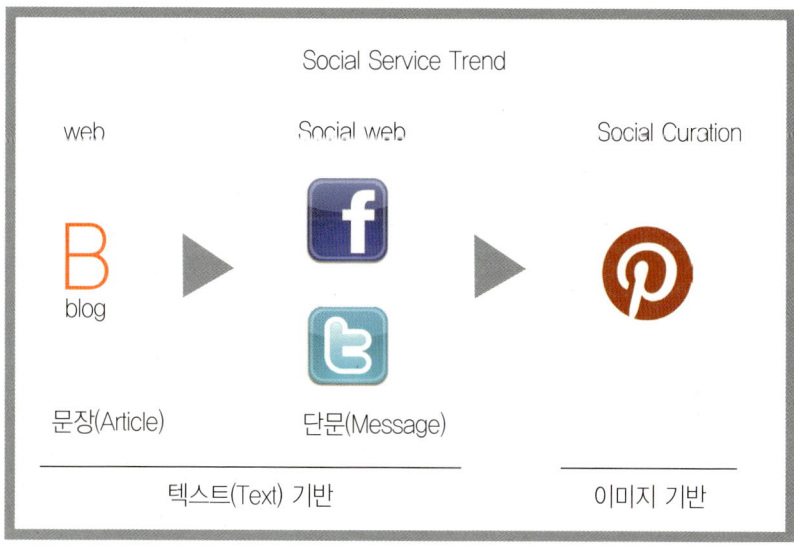

▲ 소셜 서비스 트랜드

1. 핀터레스트 소개   37

관심사 중심의 SNS인 핀터레스트

　자동차를 좋아해서 희귀한 차를 볼 때 마다 리핀하고 또한 직접 사진을 찍어 피닝하다 보면 나와 같이 자동차를 좋아해서 사진을 모으는 사람들과 자연스레 연결되게 됩니다. 하지만 핀터레스트에서 만나는 사람들은 페이스북과 달리 현실 세계에서 아는 사람이 아닐 수 있습니다.

　트위터나 페이스북에서도 사진을 공유할 수 있습니다. 가족이나 친구와 같이 찍은 사진들처럼 여기서 공유하는 사진들은 다수가 개인의 사생활에 관한 내용들이 많습니다. 당연히 페이스북의 경우 오프라인에서의 인간관계에 따른 댓글이 달립니다.

　개인 사생활 말고 자신의 취미나 관심사에 대한 사진을 페이스북에 올리기도 합니다만 이런 경우 자신의 지인들 중 그 사진에 관심이 있는 사람만 댓글을 달게 됩니다.

▶ 나와 관계있는 사람 모두가 나와 관심사가 같지는 않다. 칼 라거펠트의 작품 오노요코

자신이 좋아하는 미술작품의 사진을 페이스북에 올렸지만 페이스북의 다른 친구들은 그 미술 작품에 관심이 없다면 댓글 하나 없이 찬바람 부는 냉랭한 포스팅이 됩니다.

사람의 관심사라는 것은 그것을 좋아하는 사람 이외의 사람들에게는 별다른 감흥을 주지 못합니다. 내가 좋아하고 자랑하고 싶은 것들을 자랑하려면 그 상대도 그것에 대해 관심이 있어야 합니다. 몇 달치 월급을 모아서 새로 산 자전거를 자랑하는 것은 역시 자전거를 잘 알고 좋아하는 사람들에게 가능하지 자전거에 대해 모르는 사람에게는 자랑할 수 없습니다.

그래서 사람들은 자신이 가진 지식이나 경험을 나누고, 장비를 보여주고 설명하기(또는 자랑하기) 위해 비슷한 취미를 가진 사람들의 동호회를 찾게 됩니다. 또한 자신이 올린 관심사에 대해 다른 사람들이 주는 긍정적인 반응에 대해 심리적인 만족감을 가질 수 있습니다.

핀터레스트의 관심사의 공유는 보는 사람들로 하여금 대리만족을 할 수 있게 해줍니다. 자신이 관심있고 좋아하는 것들을 보는 것 만으로도 즐거움과 만족감을 느낄 수 있습니다. 뿐만 아니라 자신이 이제까지 모르고 있던 것들을 새롭게 알 수 있는 서비스 입니다.

페이스북에 올라오는 페이스북 친구들의 글들을 보고 있으면 그 친구들의 본 모습보다는 뭔가 꾸며지고 장식된 느낌을 많이 받고는 합니다. 마찬가지로 내가 페이스북에 글을 하나 올릴 때도 뭔가 더 생각해서 글을 쓰려는 고민을 하게 됩니다. SNS의 특성은 남을 의식해서 의도적으로 좋은 사람으로 보이려고 노력하는 부분이 필요합니다.

단순함이 매력인 핀터레스트의 힘

핀터레스트는 이러한 고민이 필요 없습니다. 단순하게 자신이 좋아하는 것에 대한 사진을 찍거나 아니면 다른 사람이 올린 사진을 모으기만 해도 됩니다. 즉 핀터레스트 활동에는 착한 사람의 이미지를 남기려고 하거나 남에게 잘 보이려는 글을 쓸 필요가 없습니다.

가장 단순하다고 이야기하는 트위터 조차 140글자를 써 넣어야 합니다. 이런 면이 아마도 마음에 부담 없이 편리하게 핀터레스트를 사용하게 하는 힘이 아닐까 합니다. 그냥 사진들을 모아 냉장고 문에 붙이듯이 게시하면 되고 이러한 단순한 즐거움이 핀터레스트에 중독되게 하는 매력입니다.

그래서 핀터레스트는 수많은 사진 중 괜찮은 사진을 골라주는(Curate) 큐레이션(Curation) 서비스라고도 합니다. 그리고 어떤 이들은 이미지를 모아 놓은 이미지 북마크 서비스라고도 부릅니다.

핀터레스트는 SNS 서비스이기는 하지만 페이스북과 달리 수평적인 개념의 서비스가 아니라 한 기능에 특화되어있는 수직적인 SNS 서비스 입니다.

버티컬 SNS는 페이스북과 같이 복잡한 기능 대신 목적에 맞는 단순한 기능과 사용방법을 제공하여 사용자로 하여금 쉽고 편리하게 사용할 수 있도록 합니다. 어느 것이 정답이라고 할 필요도 없이 핀터레스트는 SNS

이면서 큐레이션 서비스면서 동시에 이미지 북마크 서비스기도 합니다.

핀터레스트로 무엇을 하나요?

핀터레스트는 무엇을 하기 위해 쓰인다는 제한을 둘 필요가 없습니다. 소소한 일상의 기록부터 시작해서 여러 명이 같이 작업하는 프로젝트의 아이디어 회의에 이르기까지 핀터레스트는 무엇이든지 가능합니다.

핀터레스트를 사용해서 결혼에 필요한 계획을 세우거나 쇼핑에 필요한 목록의 작성, 집안 인테리어 계획, 여행을 위한 아이디어의 수집이나 계획, 캠핑에 필요한 용품을 위한 준비 등 필요한 것은 어떤 것이든지 보드를 사용하여 모으고 기획할 수 있습니다.

또한 비지니스와 사업을 위해서 핀터레스트를 이용하면 효과적이고 좋은 결과를 이끌어 낼 수 있습니다. 핀터레스트는 생산적인 일들을 위해 프로젝트를 만들고 조직화할 수 있으며 아이디어의 수집과 정리, 진행 상황의 기록, 결과물들을 보존할 수 있습니다.

핀터레스트가 가지고 있는 SNS 기능과 영향력을 이용하여 사업을 시각화하여 널리 알려 제품이나 서비스를 홍보하고 직접적인 판매로 연결시킵니다.

많은 기업들이 핀터레스트를 통해 적은 비용으로 마케팅과 프로모션을 성공적으로 진행하고 있으며 더 많은 작은 기업들 및 공예가나 프리랜서들은 핀터레스트를 이용하여 자신이 만든 제품과 서비스를 절찬리에 판매하고 있습니다.

핀터레스트가 특히 소규모 비지니스에 큰 도움을 줄 수 있는 이유는 제품을 사진을 통해 직접적으로 보여 줄 수 있는 장점이 있기 때문입니다. 관심사 중심으로 다른 사용자들과의 관계를 맺기에 불특정 다수의 여러 사람에게 홍보를 하는 것이 아니라 관심사에 의해 정확하게 타겟팅 된 사용자들과 관계를 맺음으로써 사용자가 해당 제품에 관심을 가지고 있는 한 지속적인 홍보 활동이 가능합니다.

무엇보다 핀터레스트 홍보의 가장 큰 매력은 비용이 거의 들지 않는 홍보활동이 가능하다는 점입니다. 핀터레스트에서의 홍보전략은 자사제품에 대해 관심이 있는 사용자들을 얼마나 많이 확보 할 것인가가 관건이라 할 수 있습니다. 뒤에서 설명하겠지만 핀터레스트를 마케팅 플랫폼으로 활용하기 위해서는 세 가지 원칙을 준수하여야 합니다.

첫째, 경쟁사보다 먼저 핀터레스트 시장을 선점한다.
둘째, 퀄리티 있는 사진과 정보를 제공한다.
세째, 사용자가 신뢰할 수 있는 핀터레스트 운영을 한다.

이 중 첫 번째 원칙이 가장 중요합니다. 먼저 시장을 선점하여야 가장 빨리 고객을 확보할 수 있으며, 축적된 운영 노하우를 통해 경쟁력 확보와 매출을 올릴 수 있습니다.

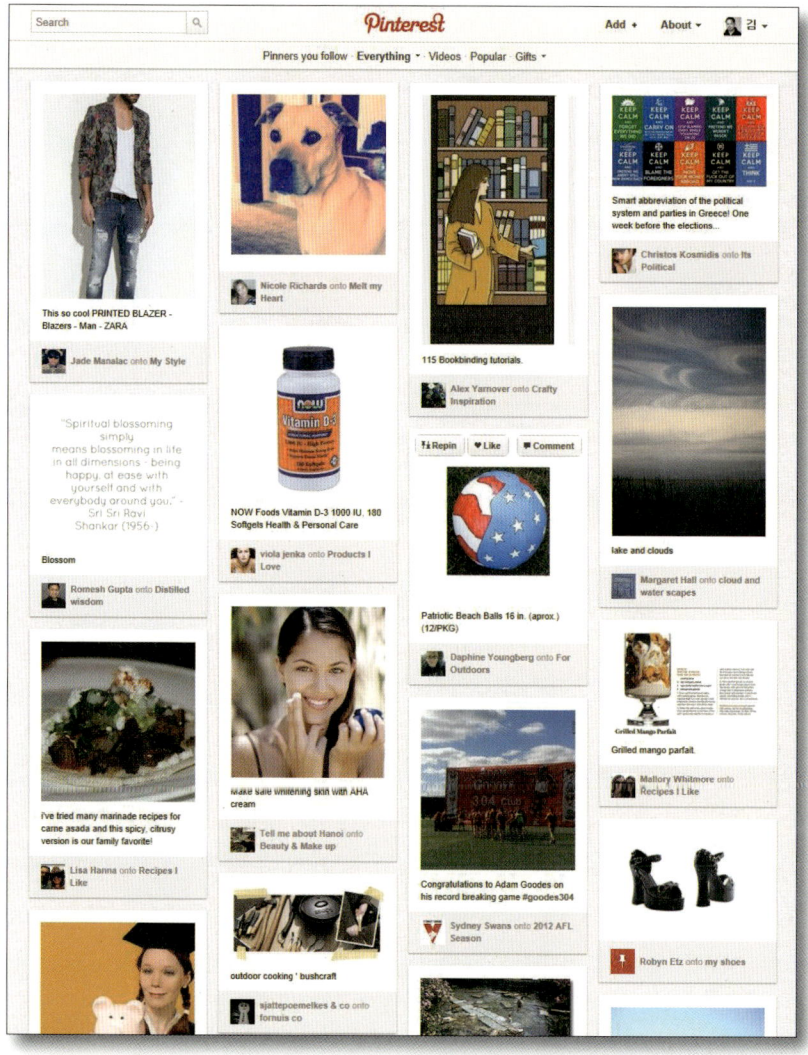

▲ 핀터레스트의 'Everything' 화면

1. 핀터레스트 소개

2. 핀터레스트 시작하기

핀터레스트는 2009년 12월 개발이 시작되어 3개월 만에 베타서비스가 시작되었으며, 불과 2년 만에 1,000만 명이 넘는 회원이 사용하는 서비스로 성장하였습니다. 핀터레스트는 현재 미국에서 가장 HOT한 서비스이며 페이스북 이후 가장 잘 나가는 SNS입니다.

Pinterest

② 핀터레스트 시작하기

핀터레스트를 시작하면서 전체적인 화면을 둘러보고 핀터레스트에 익숙해지는 장입니다. 그리고 핀터레스트에서 지켜야하는 핀 에티켓도 알아봅니다.

이 장의 주요 내용

핀터레스트 홈 화면 둘러보기

핀터레스트 상단 메뉴 둘러보기

핀터레스트 핀 화면 둘러보기

핀터레스트 에티켓

시작 전 핀터레스트 둘러보기

핀터레스트 홈 화면 둘러보기

핀터레스트 주소는 www.pinterest.com 입니다. 이 주소를 인터넷 브라우저에 치면 핀터레스트의 화면으로 이동합니다. 물론 네이버나 다음의 검색창에 '핀터레스트' 또는 'pinterest'로 검색해서 이동하셔도 됩니다. 핀터레스트의 메뉴는 아직 아쉽게도 영어로 되어있습니다. 하지만 사진의 제목이나 댓글 등을 달 때는 한글을 사용할 수 있으니 처음에는 영어가 조금 어색할 수 도 있겠지만 곧 익숙해 집니다.

핀터레스트에 처음 접속하면 나오는 홈화면의 사진들은 핀터레스트에서 많은 사람들이 공유한 사진들을 보여주고 있습니다. 이처럼 핀터레스트에 사진을 올리는 것을 '핀잇(Pin It)'이라고 합니다. 여기 사진들은 '핀잇'된 사진 중 다른 사람들이 리핀을 많이한 사진들을 노출시킵니다.

01 핀(Pin)

핀터레스트에 올라온 사진인 '핀'입니다. 사진위에 커서를 올리면 [Repin], [Like], [Comment]의 3가지 버튼이 나타납니다.

02 코멘트(Comment) : 댓글

사진에 관한 간단한 평가들을 볼 수 있는 댓글인 '코멘트(Comment)'입니다. 핀을 올린 사람 뿐 아니라 핀을 본 모든 사람들이 사진에 관한 의견을 달 수 있습니다.

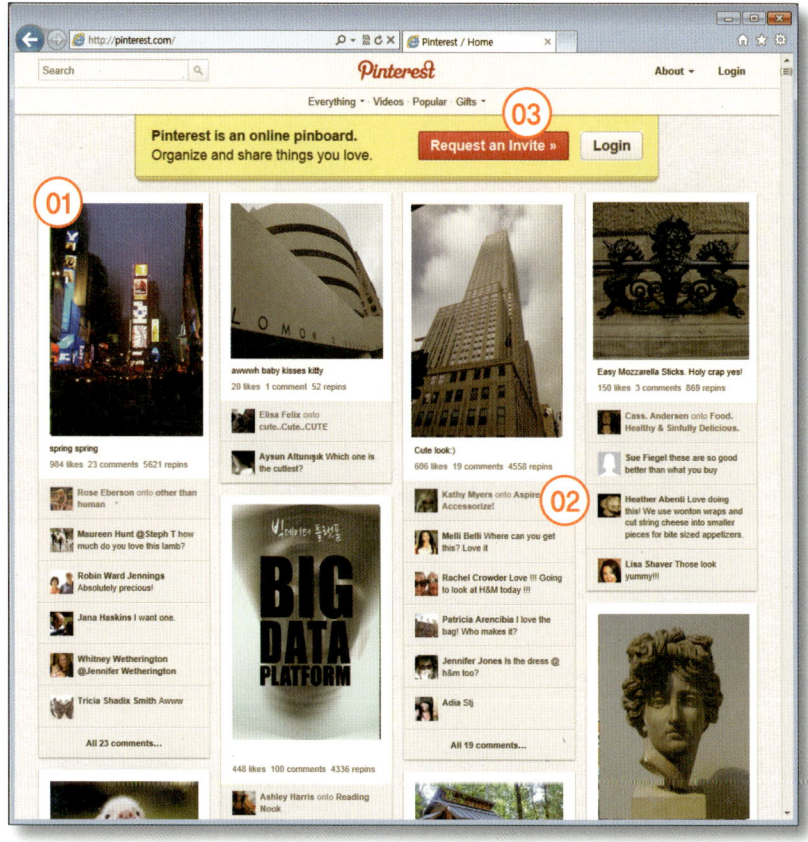

▲ 핀터레스트의 첫 화면 모습

03 인바이트(Invite) : 초대

[Request an Invite] 버튼은 핀터레스트에 초대를 요청하는 버튼입니다. 핀터레스트는 다른 서비스들과 달리 초대에 의해 서비스에 가입할 수 있는데 이 버튼을 누르면 핀터레스트에게 초대를 요청하는 화면이 뜹니다.

이 창에 자신의 이메일 주소를 넣고 [Request Invitation]을 누르면 2~3일

뒤에 핀터에스트에서 자신의 이메일로 초대장을 보내줍니다. 이 방법보다는 핀터레스트를 사용하는 지인에게 부탁하면 2~3일을 기다리지 않고 바로 초대장을 받을 수 있습니다.

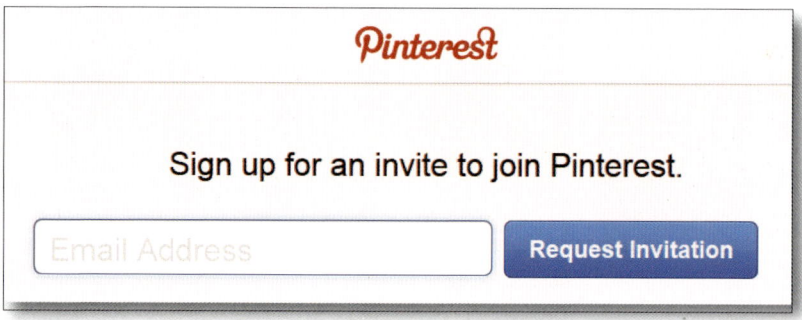

▲ 핀터레스트 초대장 요청 화면

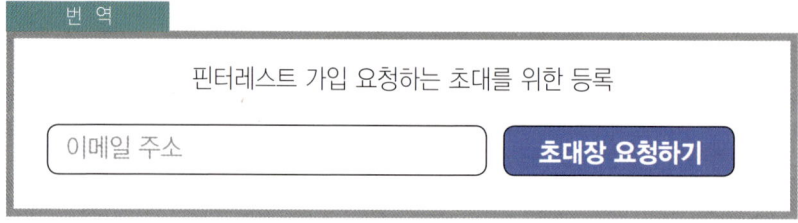

ⓟ 핀터레스트 팁 : 핀터레스트의 초대 방식의 가입은 원래 베타 테스트를 위해 시작되었으나 현재는 베타 서비스가 아님에도 불구하고 마케팅적인 측면에서 계속 되고 있습니다. 어느 시점에서 초대가 아닌 직접 가입 방식으로 전환될 것입니다.

핀터레스트 상단 메뉴 둘러보기

▲ 핀터레스트 상단 메뉴

로그인 하지 않은 상태의 핀터레스트 상단 메뉴는 [Everything], [Videos], [Popular], [Gift]의 4개 메뉴로 구성되어 있습니다.

04 에브리씽(Everything)

핀터레스트 로고 바로 아래의 '에브리씽(Everything)' 메뉴는 핀터레스트의 카테고리로서 현재 32개로 나뉘어져 있습니다.

알파벳순으로 정렬되어 있으며 아마 사진이 늘어남에 따라 분류 카테고리도 더 늘어날 것으로 보입니다. 클릭하면 해당 카테고리에서 새로 등록된 핀들부터 시간순으로 보여집니다.

05 비디오(Video)

핀터레스트는 사진 뿐 아니라 비디오 클립들도 핀할 수 있습니다. 이 메뉴는 새로 핀 된 비디오들을 모아서 볼 수 있는 카테고리입니다. 마찬가지로 가장 최근에 핀 된 비디오들부터 위쪽으로 정렬되어 있습니다.

06 파퓰러(Popular)

'파퓰러(Popular)' 란 '인기 있는'이라는 뜻으로 핀터레스트에서 가장 인기 있는 핀들을 보여주는 곳입니다. 인기의 척도는 많은 사람들이 '리핀'한 횟수와 '라이크' '댓글 수'입니다.

▶ Everything의 32개 카테고리

번 역	
건축	아이들
예술	개인생활
자동차와 모터싸이클	여성의류
디자인	남성의류
DIY와 공예	야외활동
교육	사람들
영화,음악과 책	애완동물
휘트니스	사진
음식과 음료	판화와 포스터
정원가꾸기	제품
괴짜의 취향	과학과 자연
헤어와 화장품	스포츠
역사	기술
휴일	여행과 장소
집꾸미기	결혼과 이벤트
유머	기타

Pinterest

Everything · Videos · Popular · Gifts

Architecture	Kids
Art	My Life
Cars & Motorcycles	Women's Apparel
Design	Men's Apparel
DIY & Crafts	Outdoors
Education	People
Film, Music & Books	Pets
Fitness	Photography
Food & Drink	Print & Posters
Gardening	Products
Geek	Science & Nature
Hair & Beauty	Sports
History	Technology
Holidays	Travel & Places
Home Decor	Wedding & Events
Humor	Other

07 기프트(Gifts)

각종 물건들이 가격대 별로 분류되어있습니다. 제일 저렴한 제품군인 1~20 달러(1,200원~ 24,000원) 부터 제일 비싼 제품군인 500달러(60만원) 이상의 6단계로 나뉘어 있습니다.

기프트는 핀터레스트가 가지고 있는 독특한 기능입니다. 친구에게 선물할 물건을 고를 때 가격대 별로 찾아보는데 착안해서 가격대 별로 물건들의 사진을 분류하여 보여줍니다.

물론 이 기능은 각종 물건들을 온라인으로 판매하는 소매상들을 위한 기능이기도 합니다. 이 기능을 잘 이용하면 자신의 온라인 쇼핑몰에서 판매하는 제품들을 핀터레스트를 이용해 효과적으로 알릴 수 있습니다.

ⓟ 핀터레스트 팁 : 핀터레스트가 급격히 성장하고 있는 이유

01 클릭 한 번으로 쉽게 콘텐츠를 만들 수 있음 – 사용 편의성
02 예쁘고 보기 좋은 디자인 – 심플한 UI / UX
03 관심 있는 주제를 다른 사람들과 편리하게 공유 – 편리한 공유 기능
04 자신의 개성과 취향을 시각적으로 표현
05 원하면서도 발견하지 못했던 것을 발견하는 즐거움

핀터레스트 핀 화면 둘러보기

▲ 핀터레스트 핀 화면

핀터레스트 홈 화면에 있는 사진 중 좌측 상단의 타임스퀘어에서 밤에 찍은 사진을 클릭해 보았습니다. 해당 사진이 뜨면서 관련된 정보들을 보여 주는 화면으로 이동합니다. 핀 화면에 있는 내용에 대해 살펴 보도록 하겠습니다.

08 피너(Pinner)

사진을 올린 사람에 대한 정보 입니다. 언제 올렸는지 나와 있으며 아이콘을 누르면 이 사람이 운영하고 있는 '보드' 로 이동합니다.

09 보드(Board)

이 사진이 속해 있는 '보드'입니다. 좌측의 보드를 클릭하면 이 사진과 비슷한 분류의 사진들이 모여 있는 보드로 이동합니다.

10 라이크(Like)

이 핀을 좋아해서 'Like'버튼을 누른 사람을 보여 주는 공간입니다. '라이크' 아래에는 사용자들이 남긴 댓글인 '코멘트'가 있습니다.

ⓟ핀터레스트 팁 : 많은 사람들이 핀터레스트에 처음 방문해서 갖는 첫 인상은 '예쁘다'입니다. 그래서인지 예쁜 것을 좋아하는 여성 사용자들의 비중이 높습니다.

핀 에티켓

핀터레스트의 예의 핀 에티켓

핀터레스트는 많은 사람들이 이용하는 서비스이자 커뮤니티로서 지켜야 할 에티켓이 있습니다. 이 에티켓을 '핀 에티켓'이라고 부릅니다. 핀 에티켓은 5가지 항목으로 구성되어있습니다.

핀터레스트는 사용하는 여러분으로 인해 특별합니다.
Pinterest is special because of the people who use it.

아래의 지침들은 핀터레스트를 사용하는 여러분들의 의견에 기초한 것입니다. 우리의 커뮤니티에 더욱 도움이 되고 모든 핀이 다른 사람들에게 유용할 수 있도록 하는 제안입니다.

The guidelines below are based on collective input from people using Pinterest. These are suggestions to help keep our community positive and to ensure that every pin is useful to other people.

1. 상대방을 존중하세요

핀터레스트는 사람들의 커뮤니티입니다. 취향은 각기 개인적이니, 댓글을 달 때나 대화를 할 때 존중하는 자세를 가지시기 바랍니다.

1. Be Respectful

Pinterest is a community of people. We know that individual tastes are personal, but please be respectful in your comments and conversations.

2. 진실하세요.

핀터레스트는 당신 자신의 표현입니다. 스스로에게 진실한 것이 팔로워를 많이 가지는 것보다 더 중요합니다. 진실함은 핀터레스트를 장기적으로 더 좋은 곳으로 만들어 줄 것입니다.

2. Be Authentic

Pinterest is an expression of who you are. We think being authentic to who you are is more important than getting lots of followers. Being authentic will make Pinterest a better place long-term

3. 사진의 출처를 남겨주세요

핀은 출처의 원본으로 가는 링크가 있을 때 가장 유용합니다. 핀의 출처를 정확하게 알 수 없다면, 댓글을 남겨서 원래 피너가 출처를 업데이트할 수 있도록 하세요. 이미지 검색이나 블로그 주소 보다는 원본 출처의 링크 주소를 찾아주는 것이 좋습니다.

3. Credit Your Sources

Pins are the most useful when they have links back to the original source. If you notice that a pin is not sourced correctly, leave a comment so the original pinner can update the source. Finding the original source is always preferable to a secondary source such as Image Search or a blog entry.

4. 불량 콘텐츠를 신고해 주세요

과도한 노출이나 유해한 내용, 사람들에게 해를 끼치도록 하는 내용은 허락되지 않습니다. 만약 본사의 서비스 규약(Terms of Service)이나 사용 방침(Acceptable Use Policy)을 위반하는 컨텐츠를 발견하는 경우, "컨텐트 신고(Report Content)" 링크를 눌러 컨텐츠를 보내시면 됩니다.

4. Report Objectionable Content

We do not allow nudity, hateful content, or content that encourages people to hurt themselves. If you find content that violates our Terms of Service or Acceptable Use Policy you can submit the content for review by pushing the "Report Content" link.

5. 핀터레스트가 더 좋은 서비스를 할 수 있도록 의견을 주세요

핀터레스트 서비스가 시작한 지 얼마 지나지 않았기에 여기 저기 단점이 있습니다. 어느 부분이 잘 돌아가고 또 어떤 부분이 제대로 안 돌아가는지

알려주세요. 모든 이메일에 일일이 답장을 할 수는 없지만 주신 의견은 진지하게 처리하겠습니다. http://support.pinterest.com으로 언제든지 연락하실 수 있습니다.

5. Tell Us How to Make Pinterest Better
We're just getting started, so there are going to be bumps here and there. Let us know what's working, what's not. Even though we don't always have time to respond to each and every email, we take your input seriously. You can get in touch with us anytime at http://support.pinterest.com.

ⓟ 핀터레스트 팁 : 핀터레스트 서비스 자체가 급격하게 성장 중이다보니 핀 에티켓 역시 중간에 몇 번의 개정을 거쳐 현재의 버전이 웹 사이트에 발표된 것입니다. 핀 에티켓 역시 핀터레스트가 커감에 따라 계속 진화 할 것으로 보입니다.

핀터레스트 마케팅

3. 핀터레스트 가입하기

핀터레스트를 가입하는 방법은 다른 서비스들과 달리 초대를 받아야 합니다. 초대 받아 가입 한 후 페이스북, 트위터와 계정을 연동시켜 사용하는 방법을 알아 봅니다.

핀터레스트 완전정복

③ 핀터레스트 가입하기

핀터레스트의 특징 중 하나인 초대를 통한 핀터레스트 가입 방법과 페이스북, 트위터와 연동하는 방법을 설명한 장입니다.

이 장의 주요 내용

가입을 위한 초대 요청하기

핀터레스트 가입하기

페이스북 계정 연동하기

핀터레스트 계정 만들기

트위터 계정 연동하기

핀터레스트 로그인하기

핀터레스트 가입하기

가입을 위한 초대 요청하기

핀터레스트는 초대 요청에 의해 가입해야 합니다. 앞서 설명한 [Request an Invite] 버튼을 눌러 초대 요청을 하는 방법도 있지만 1~3일 정도 시간이 걸립니다.

핀터레스트가 초대해주는데 걸리는 시간이 지루하다면 또 다른 방법이 있습니다. 자신의 지인 중에 핀터레스트를 사용하는 지인에게 초대해 달라고 이야기하는 것 입니다.

지인도 당신을 핀터레스트에 초대할 수 있습니다. 만약 초대해 달라고 할만한 지인이 주변에 없으시다면 저자가 운영하고 있는 블로그에서 '묻지도 따지지도 않고 초대해 드립니다.'

- 핀터레스트 초대 요청 페이지 : www.nweb.kr/627
- 초대 요청 페이스북 : http://www.facebook.com/NEONWEB

아니면 저자의 페이스북에 요청하시면 바로 처리해 드립니다.

지인 초대의 장점은 핀터레스트에 요청하는 것 보다 더 빨리 초대된다는 점입니다. 초대를 요청하기 하기 전에 챙겨야 할 것이 하나 있습니다. 페이스북이나 트위터 중 하나의 계정을 가지고 있어야 합니다. 이미 사용하시는 분들은 상관 없지만 혹시 없으신 분들은 이참에 페이스북이나 트위터를 한번 사용해 보는 계기로 삼으시기 바랍니다. 페이스북이나 트위터 계정이 있어야 하는 이유는 핀터레스트의 로그인을 페이스북 또는 트위터와 연계하여 로그인할 수 있으며 페이스북, 트위터 지인들을 곧바로 핀터레스트에서 연결할 수 있기 때문입니다.

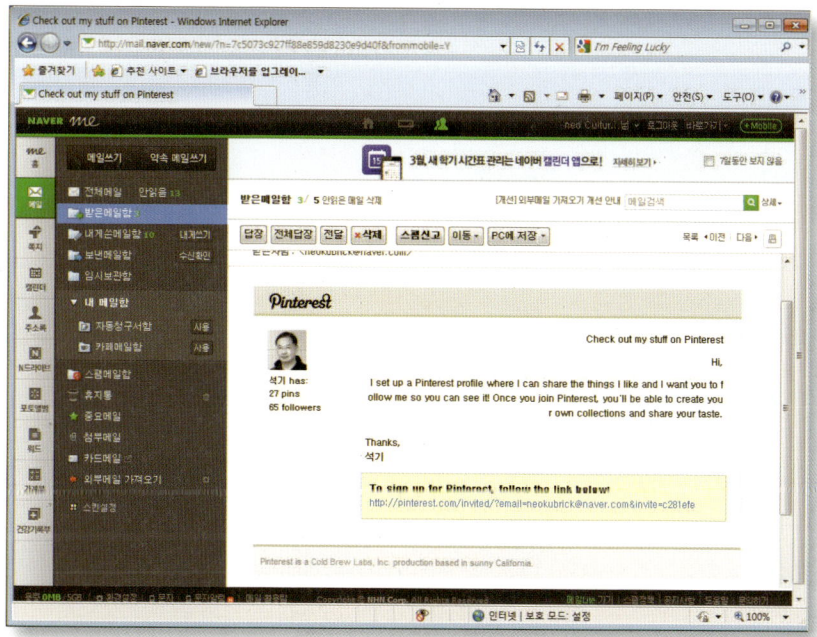

▲ 핀터레스트 초대장이 메일로 온 화면

- **페이스북 계정 만들기 : www.facebook.com**
- **트위터 계정 만들기 : www.twitter.com**

트위터나 페이스북 계정 만들기가 끝난 후 핀터레스트나 지인 또는 저자에게 가입초대 요청을 합니다. 가입 요청은 본인이 사용하는 이메일 주소를 알려주면 됩니다.

대부분의 사람들은 자신이 사용하는 페이스북이나 트위터에 등록한 이메일을 사용하지만 반드시 같은 메일이 아니더라도 사용할 수 있습니다. 편하게 어떤 메일을 쓰던 상관없습니다.

저자에게 핀터레스트 초대를 요청했을 때 받은 메일 아래에 있는 파란색 링크를 클릭하시면 본격적으로 가입을 위한 페이지로 연결됩니다.

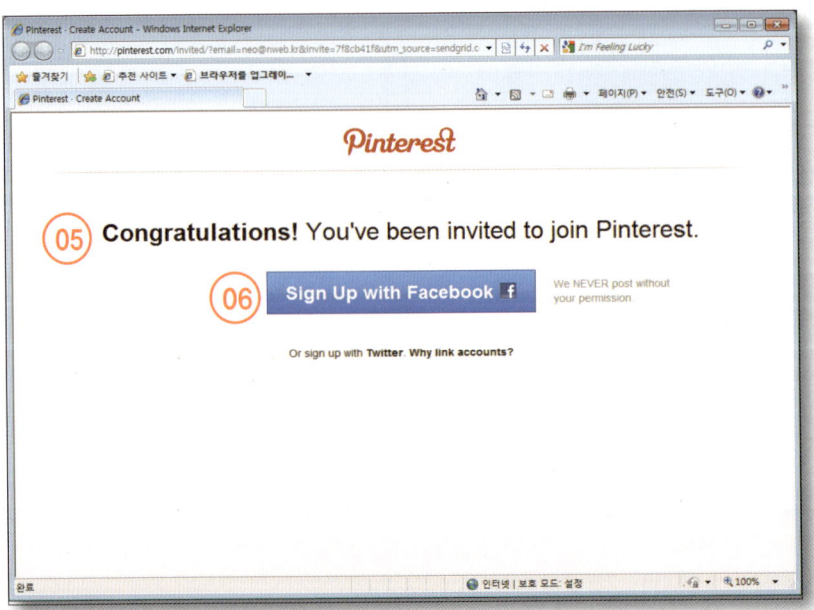

▲ 핀터레스트 초대장을 클릭했을 때 연결된 화면

> 번 역
>
> 축하합니다! 핀터레스트에 초대되었습니다.
>
> [페이스북으로 등록하기]

Pin it

핀터레스트 초대장 요청하기 순서

01 페이스북이나 트위터 계정 만들기

02 지인에게 페이스북 초대장 요청하기(이메일)

03 초대메일 확인하기

04 초대메일의 [Sign Up for Pinterest, below the Link] 아래 URL클릭

05 'Congratulations~' 화면으로 연결됩니다.

06 [Sign Up with Facebook]을 클릭합니다.

ⓟ 핀터레스트 팁 : 불과 몇 달 전만 해도 핀터레스트에 초대 요청을 하면 꼬박 일주일이 걸렸습니다만 근래에는 하루 이틀 정도로 시간이 많이 단축되었습니다. 요청하시면 초대해 드립니다.

핀터레스트 가입하기

초대를 받았으면 이제 가입을 해야겠죠. 바로 이 페이지가 핀터레스트에 가입하는 페이지입니다. [Sign Up with Facebook]을 누르시면 페이스북 계정과 연계하여 사용하게 되며 아래의 작은 글씨로 써있는 [Or sign up with Twitter]를 누르면 트위터 계정과 연계하여 등록하게 됩니다. 디

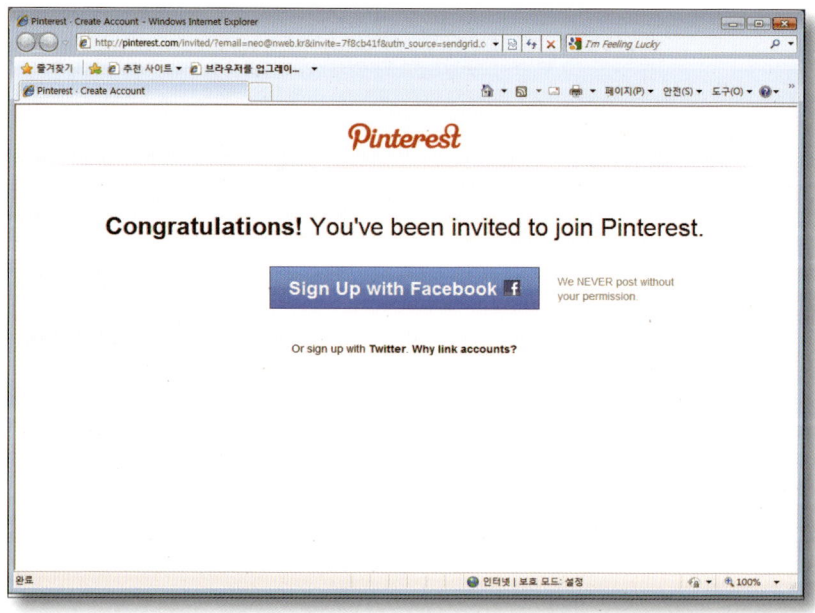

▲ 핀터레스트 초대장을 클릭했을 때 연결된 화면

자인이나 UI로 보았을 때 트위터보다는 페이스북 사용자들을 좀 더 신경 쓰고 있다는 것을 알 수 있습니다. 아무래도 핀터레스트는 트위터보다는 전략적으로 페이스북과 연계를 선호합니다.

페이스북 계정 연동하기

▲ 핀터레스트를 페이스북과 연동시키기 위한 로그인창

01 [Sign Up with Facebook]을 누르면 아래와 같이 페이스북 로그인창이 뜨게 됩니다.

핀터레스트는 기본적으로 페이스북 또는 트위터에 연동되어 사용되도록 설계되어 있습니다. 페이스북의 일부를 사용할 수 있도록 공개되어 있는 소프트웨어(API)를 사용하고 있으므로 페이스북 로그인창이 뜨는 것이 자연스러운 과정입니다.

02 페이스북 로그인창을 통해 로그인을 합니다.

03 페이스북과의 연동 여부를 묻는 창이 열립니다.

04 [앱으로 가기] 버튼을 클릭합니다.

05 페이스북 계정과 연동이 되었습니다.

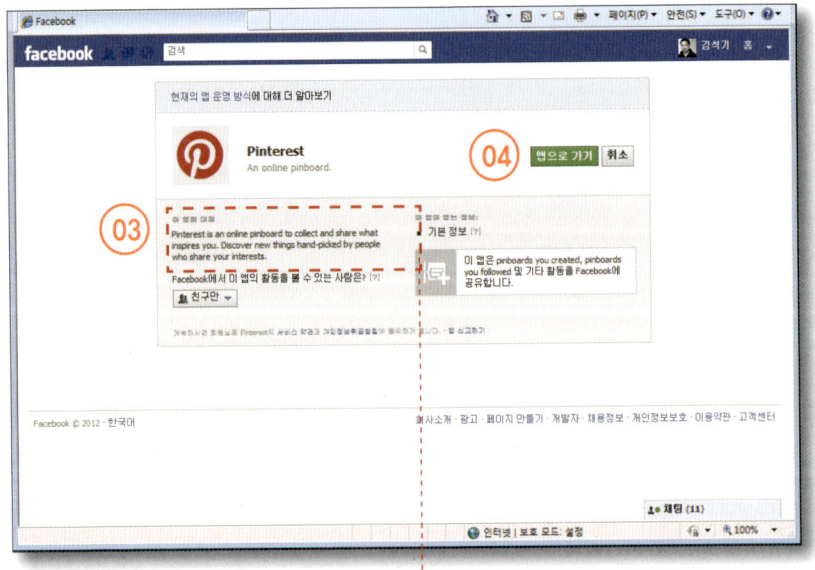

▲ 핀터레스트를 페이스북과 연동 여부를 묻는 창

번 역

이 앱에 대해

핀터레스트는 영감을 주는 사진을 모으고 공유하는 온라인 핀 보드입니다. 같은 관심 사항을 공유하는 사람들이 고른 새로운 사진들을 발견해 보세요.

트위터 계정 연동하기

핀터레스트의 계정 연동은 페이스북 말고도 트위터 계정과의 연동이 가능합니다. 트위터의 연동 역시 앞서 설명한 페이스북 연동과 같습니다.

Pin it

01 [Sign Up with Facebook]을 누르지 마시고 아래의 작은 글씨로 써있는 [Or sign up with Twitter]를 클릭합니다.

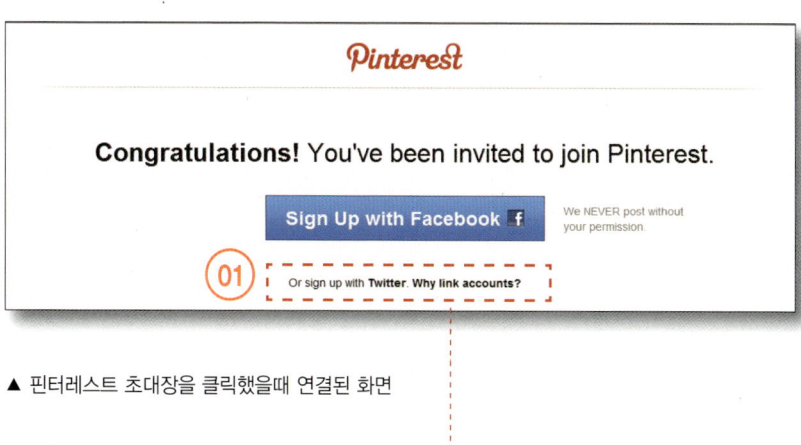

▲ 핀터레스트 초대장을 클릭했을때 연결된 화면

번 역

또는 트위터 계정과 연결하기. 왜 계정 연결이 필요할까요?

이렇게 페이스북 외에 트위터 계정을 연동시킬 수 있도록 한 것은 개인정보 유출 등을 이유로 페이스북을 사용하지 않는 사람들을 위한 배려입니다. 기본적으로 연동만 시킨다면 사실 그 이후에는 페이스북이나 트위터 어느 계정과 연동되던지 로그인하는데 아무런 문제가 없습니다.

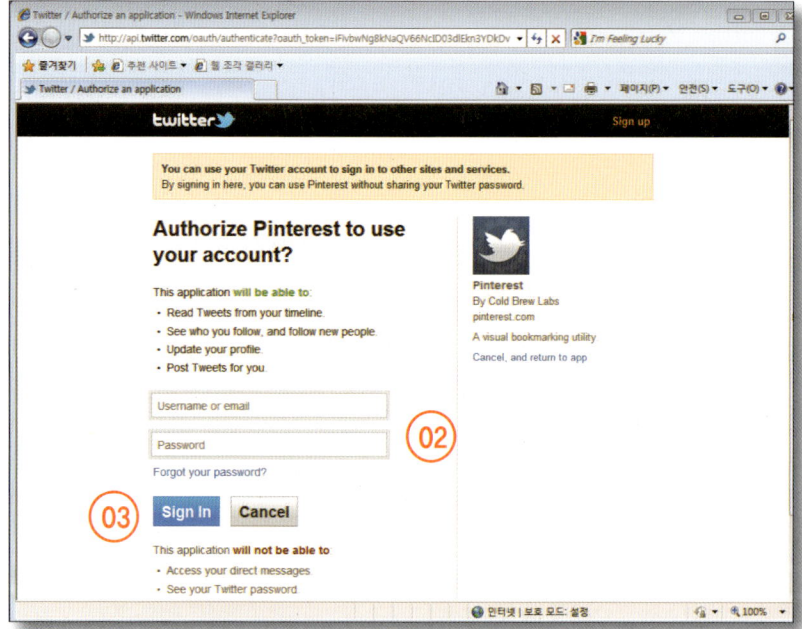

▲ 핀터레스트를 페이스북과 연동 여부를 묻는 창

02 트위터 계정과의 연동을 물어보는 창에 트위터 유저네임 또는 이메일, 비밀번호를 기입합니다.

03 [Sign in] 버튼을 클릭합니다.

04 트위터 계정과 연동이 완료되었습니다.

번 역

트위터 계정과 다른 사이트 또는 서비스를 연결하여 사용할 수 있습니다. 여기서 등록하면 트위터의 비밀번호를 공유하지 않고 핀터레스트를 사용할 수 있습니다.

당신의 트위터 계정에 핀터레스트 사용을 허가하시 겠습니까?

이 프로그램은 다음과 같은 일을 할 수 있습니다.
- 타임라인으로부터 트윗 읽기
- 팔로우 보기 그리고 새로운 사람 팔로우 하기
- 프로필 업데이트
- 트윗 포스트하기

이 프로그램은 다음과 같은 일은 할 수 없습니다.
- 다이렉트 메시지에 접근할 수 없습니다.
- 트위터 비밀번호를 볼 수 없습니다.

ⓟ 핀터레스트 팁 : 페이스북에 계정을 연동해서 사용하면 핀터레스트에서 핀 했을 때 페이스북에 올라가며 코멘트 역시 페이스북에 올라갑니다만 아직 시스템적인 문제 때문인지 약간의 시간이 소요됩니다.

핀터레스트 계정 만들기

페이스북 또는 트위터와 연동했으면 이제 본격적으로 핀터레스트 계정을 만드는 순서로 넘어갑니다. 이미 페이스북과 연동했기에 핀터레스트 계정을 만드는 것은 매우 간단합니다.

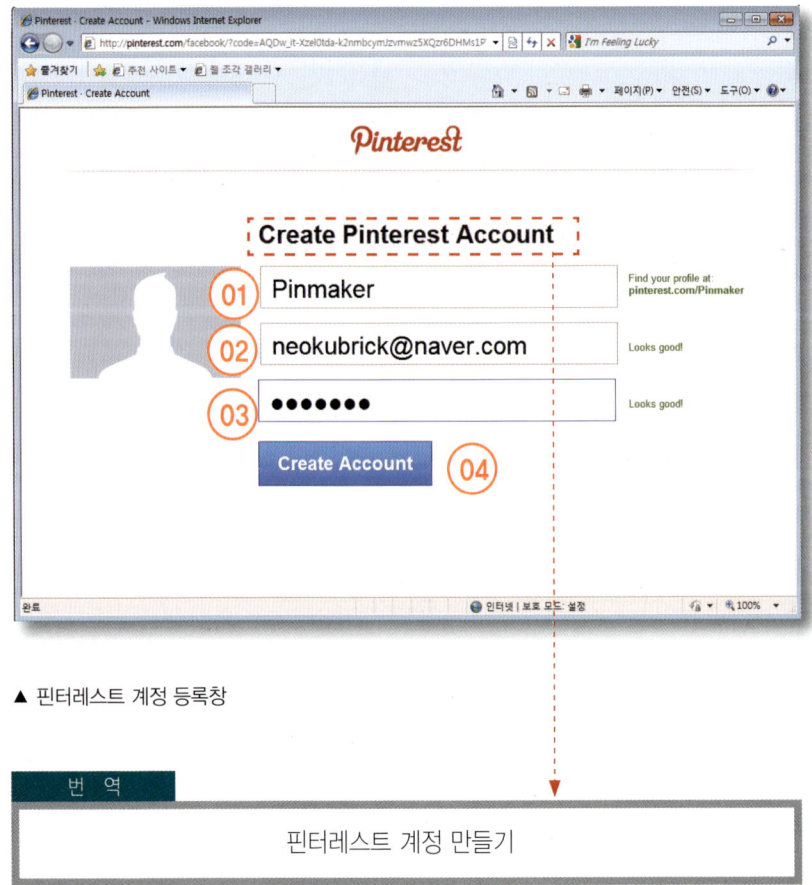

▲ 핀터레스트 계정 등록창

번 역
핀터레스트 계정 만들기

01 자신이 핀터레스트에서 쓰는 아이디인 '사용자이름(Username)'을 정해서 넣습니다.

02 이메일 주소를 넣습니다.

03 비밀번호를 넣습니다.

04 [Create Account]를 클릭하면 계정이 만들어 집니다.

맨 위의 '사용자이름(Username)'은 자신의 프로필 주소로 사용됩니다. 예를 들어 'Pinmaker'라고 하면 자신의 프로필 주소는 'www.pinterest.com/이 됩니다. 예를 들어 'Pinmaker'라고 면 자신의 프로필 주소는 'www.pinterest.com/Pinmaker'가 됩니다. 도메인 정할 때와 마찬가지로 알기 쉽고 의미 있는 단어를 선택하면 다른 사람들에게 내 보드를 알리기 쉬울 것입니다.

이메일 주소는 자신의 비밀번호를 잊어버렸을 때 전송 받는 메일입니다. 비밀번호를 6글자 이상으로 지정하면 사용할 수 있다는 의미를 우측에 녹색으로 표시해줍니다.

ⓟ핀터레스트 팁 : 핀터레스트를 페이스북이나 트위터에 연동했을 때 실제 비밀번호를 입력하여 로그인 하는 경우가 별로 없습니다. 대부분 페이스북이나 트위터에 의해 자동 로그인됩니다.

핀터레스트 로그인하기

　핀터레스트에 가입이 끝났으니 로그인 하는 방법을 살펴보겠습니다. 로그인 방법은 3가지인데 페이스북 또는 트위터를 통한 로그인과 앞서 설정한 이메일과 비밀번호를 넣고 로그인하는 방법이 있습니다.

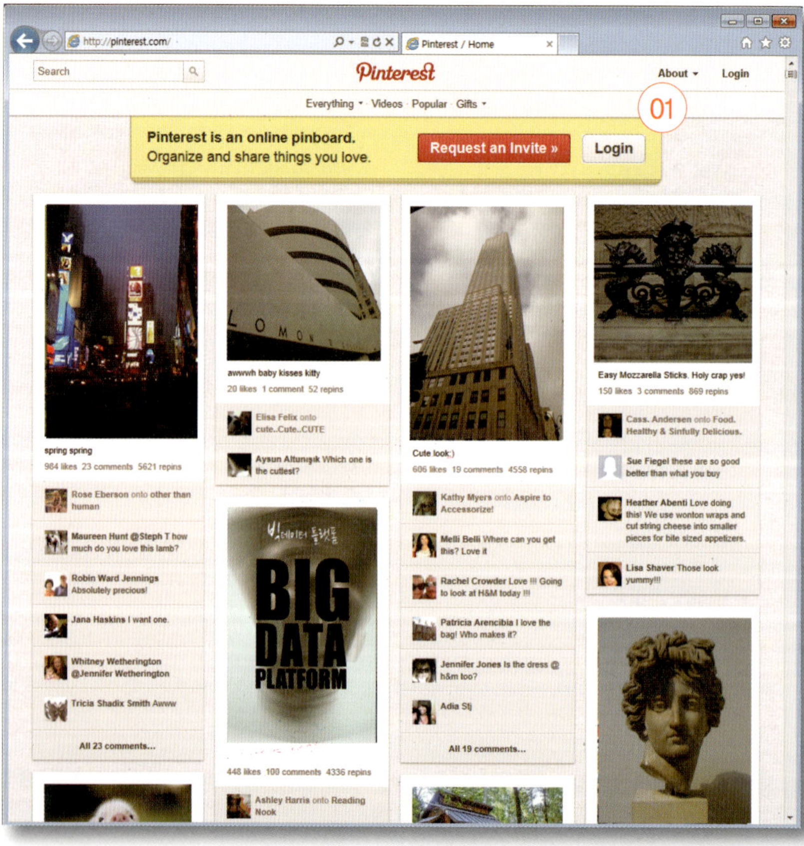

▲ 핀터레스트 로그인하기 전의 메인 화면

Pin it

01 핀터레스트에 접속한 후 오른쪽 상단의 'Login' 메뉴 또는 상단 배너 안의 [Login] 버튼을 클릭합니다.

02 핀터레스트의 로그인창에는 페이스북, 트위터 연동 로그인 버튼과 핀터레스트에 등록한 이메일과 비밀번호를 넣을 수 있는 창이 있습니다.

03 자신이 연동시킨 계정에 따라 [Login with Facebook] 또는 [Login with Twitter] 버튼을 클릭 합니다.

04 연동되어 있는 페이스북이나 트위터가 로그인되어 있다면 로그인 버튼을 누르는 것만으로 바로 로그인이 되며 곧바로 사용할 수 있습니다. 그렇지 않을 경우 로그인창에 로그인한 후 사용하면 됩니다.

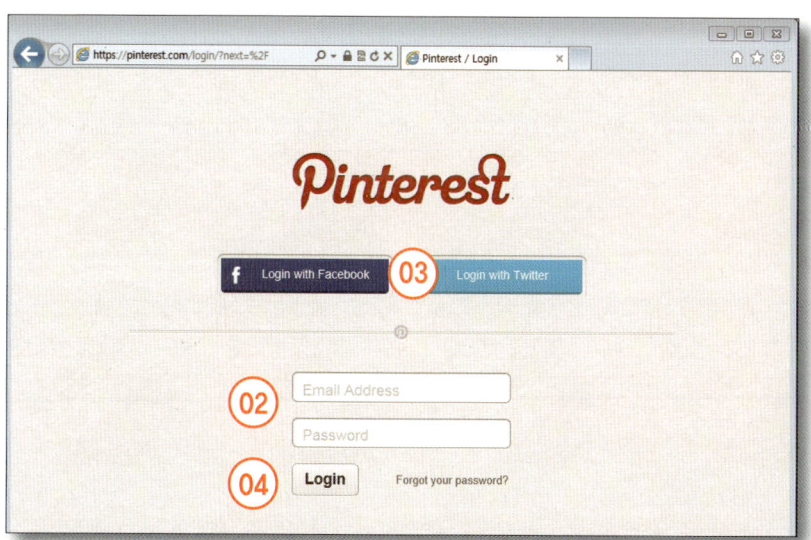

▲ 핀터레스트 로그인 화면

4. 기본기능 사용하기

핀, 리핀, 보드 만들기 등 핀터레스트를 사용하는데 필요한 기본 기능을 중심으로 설명하였습니다.

4 기본기능 사용하기

네 번째 장에서는 핀터레스트의 기본 기능인 핀, 리핀, 보드 만들기 기능을 중심으로 살펴 봅니다.

이 장의 주요 내용
로그인 후 화면 둘러보기
핀터레스트에 사진을 붙여보기
핀 추가하기
핀 업로드하기
보드 만들기
하이 퀄리티 피닝하기
다른 사람과 함께 피닝하기
보드 커버 관리하기

로그인 후 화면 둘러보기

핀터레스트에 처음 로그인했다면 로그인 전과 로그인 후의 화면이 달라졌음을 눈치챘을 것입니다. 무엇이 달라졌는지 살펴보겠습니다.

▲ 로그인 전 상단메뉴

▲ 로그인 후 상단메뉴

로그인 후 화면의 상단에는 몇 가지 없던 것이 새로 보입니다. 'Pinners you follow' 가 'Everything' 옆에 새로 생겼으며, 로그인을 한 상태이므로 'Login' 대신 아이콘과 이름으로 바뀌었습니다. 그리고 이름 아래에는 다른 친구들을 초대할 수 있는 [Invite Friends] 버튼이 위치합니다.

01 당신이 팔로우하고 있는 사람들(Pinners you follow)

내가 팔로우 하고 있는 사람들이 핀하거나 리핀한 사진들을 모아서 보여줍니다. 현재는 처음 로그인한 상태라 아직 팔로우가 없으므로 핀터레스트에서 임의의 사진을 보여주고 있습니다. 나중에 사람들을 팔로우 하면 팔로우 한 사람들이 핀한 사진이 보여집니다.

02 아이콘 + 이름

아이콘 + 이름]을 클릭하면 '내 보드' 화면으로 이동합니다. 처음 로그인 한 후라 핀이나 보드가 없는 상태입니다만 핀터레스트에서 핀하거나 보드를 만들 때 그리고 'Like', Follow 등 핀터레스트에서 활동한 모든 사안을 이곳에서 확인할 수 있는 페이지 입니다. 한마디로 핀터레스트 안에서의 내 홈페이지라 할 수 있습니다. 이 페이지의 주소는 처음 핀터레스트에 등록할 때 이메일과 함께 적은 'Username'이 사용됩니다.

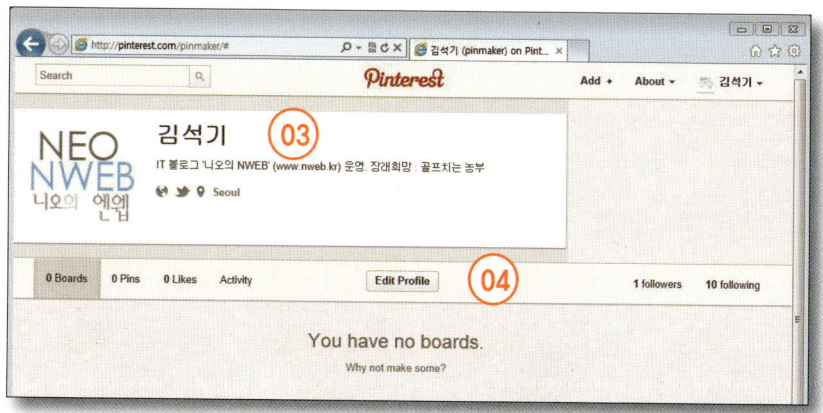

▲ 프로필 메뉴

03 프로필(Profile)

프로필은 처음에는 연동된 페이스북이나 트위터의 프로필 내용과 사진을 그대로 가지고 와서 보여 줍니다.

04 프로필 수정하기(Edit Profile)

프로필의 내용을 변경할 수 있습니다. 클릭하면 프로필 뿐 아니라 전반적인 환경을 설정하는 메뉴입니다.

핀과 보드 만들기

핀터레스트에 사진을 붙여보자

핀터레스트의 둘러보기가 끝났으면 이제 본격적으로 사진을 올려보겠습니다. 이제 사진을 올리면 피너가 됩니다. 핀하는 방법은 2가지가 있습니다. 한 가지는 자신의 PC에 저장된 사진을 올리는 방법이 있고 또 한 가지 방법은 다른 사이트의 사진을 퍼오는 방법입니다.

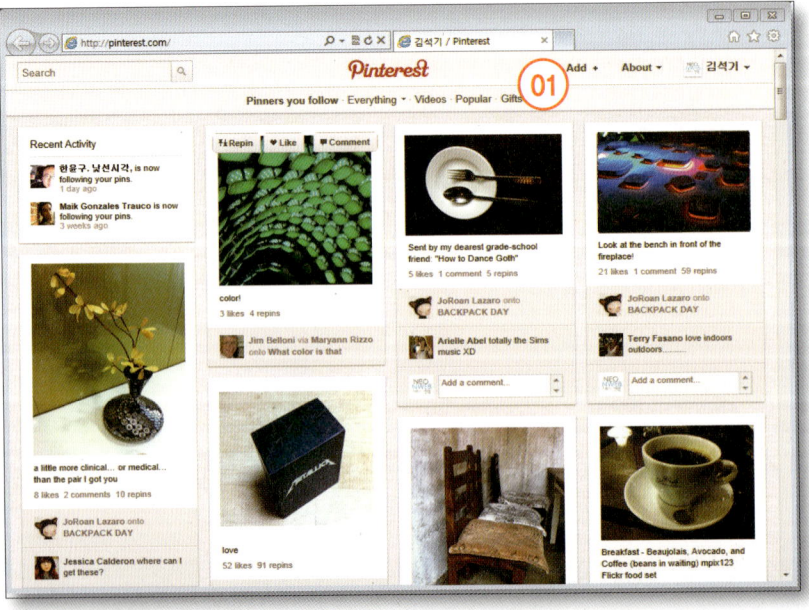

▲ 핀터레스트에 로그인 한 화면

Pin it

01 핀터레스트 우측상단의 [Add +]를 클릭합니다.

02 Add 대화창이 열립니다.

03 대화창에서 3가지 중 하나의 선택을 할 수 있습니다.

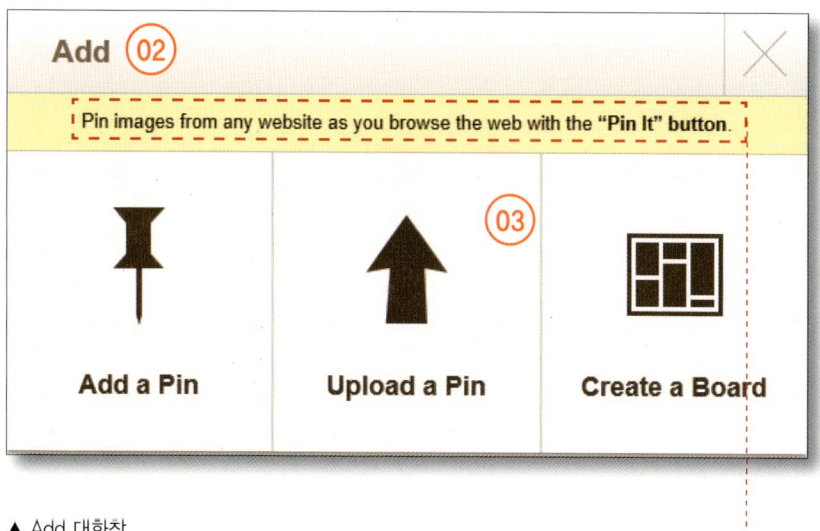

▲ Add 대화창

번 역

웹 서핑 중 본 어떤 사진이라도 "Pin It" 버튼을 이용해서 핀할 수 있습니다.

핀 추가(Add a Pin)

Pin it

01 Add a Pin은 인터넷의 웹 사이트에서 이미지를 가져 오는 기능입니다.

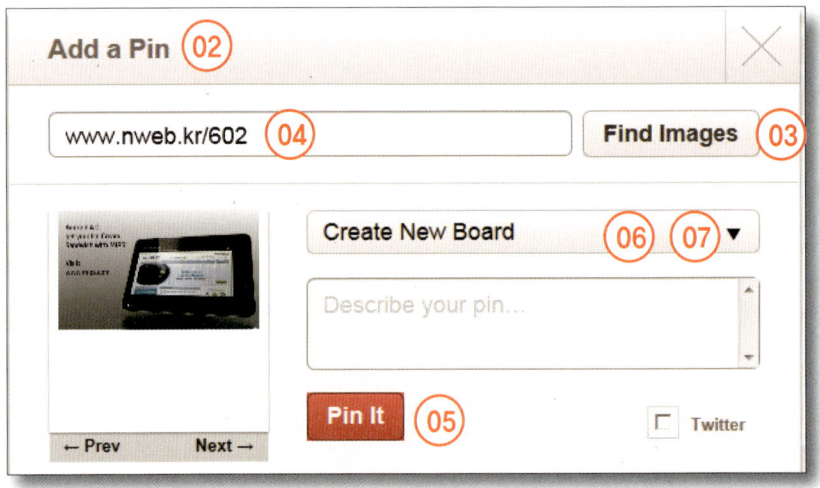

▲ Add a Pin 대화창

02 Add창 좌측의 [Add a Pin]을 클릭하면 'Add a Pin'창이 뜹니다.

03 인터넷 주소를 넣고 '이미지검색 [Find Images]'를 클릭하면 해당 주소에 있는 이미지를 가지고 옵니다.

04 만약 해당 사이트에서 이미지를 가져가는 방지 할 경우 그림을 가져 올 수 없습니다. 주소를 넣을 때는 이미지가 있는 세부 주소를 넣어야 합니다.

05 이미지를 선택한 후 '핀잇 [Pin It]' 버튼을 클릭하면 핀이 됩니다만 아직 보드를 만들지 않은 상태이기 때문에 핀을 하기 전에 먼저 보드를 만들어야 합니다.

06 보드를 만드는 방법은 '새 보드 만들기 [Create New Board]'를 클릭하면 'You have to create a board to pin'(핀하려면 반드시 보드를 만들어야 합니다) 라는 문구 아래의 회색의 'Create New Board'를 클릭한 후 자신이 원하는 보드 이름을 넣고 [Create]을 클릭하면 만들어 집니다.

07 여기서는 사진 내용에 맞는 'Device' 라는 보드를 만들어 보겠습니다. 보드가 만들어지면 간단히 핀에 대한 설명을 적은 뒤 '핀잇 [Pin It]' 버튼을 클릭하면 지금 퍼온 사진이 새로 만든 'Device' 보드 안으로 들어갑니다. 해보면 간단히 핀이 됩니다.

핀 업로드(Upload a Pin)

'핀 업로드(Upload a Pin)'은 인터넷에서 가져오는 것이 아니라 자신의 PC에 저장되어있는 사진을 핀하는 기능입니다.

▲ Upload a Pin 대화창

01 Add 창 가운데 있는 '핀 업로드 [Upload a Pin]'을 클릭합니다.

02 Add 창이 닫히면서 아래와 같이 'Upload a Pin' 대화창이 뜹니다.

03 [찾아보기]를 클릭하고 해당 위치에 있는 이미지를 가지고 옵니다.

04 'Device'를 클릭하면 메뉴가 아래로 내려 오면서 새로운 보드 이름을 넣을 수 있는 'Create New Board'를 클릭합니다.

05 이 칸을 클릭한 후 사진 내용에 알맞도록 '뉴욕 거리', '여행 사진', '좋아하는 장소' 등 자신이 원하는 보드 이름을 넣어 보드를 만듭니다.

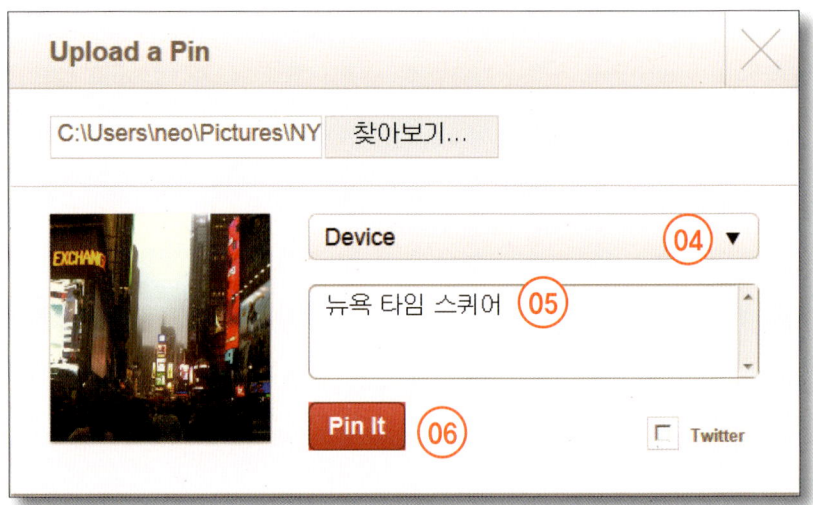

06 [Pin it] 버튼을 클릭하면 자신의 PC에 있던 사진이 핀터레스트로 올라가 전 세계의 모든 사람들과 함께 볼 수 있게 됩니다.

보드 만들기(Create a Board)

01 우측의 '보드 만들기 [Create a Board]' 버튼을 클릭합니다.

02 'Create a Board' 대화창이 열립니다.

03 'Add a Pin', 'Upload a Pin' 안에 있는 'Create a Board'와 비교해 보면 없는 새로운 기능이 두 가지가 보입니다. 바로 'Board Category'와 'Who can pin?'이라는 부분이 추가되어 있습니다.

04 'Board Name'을 넣은 후 해당보드가 속할 만한 카테고리를 고릅니다.

05 '후캔핀?(Who can pin?)' 기능은 만드는 보드를 혼자서 사용하거

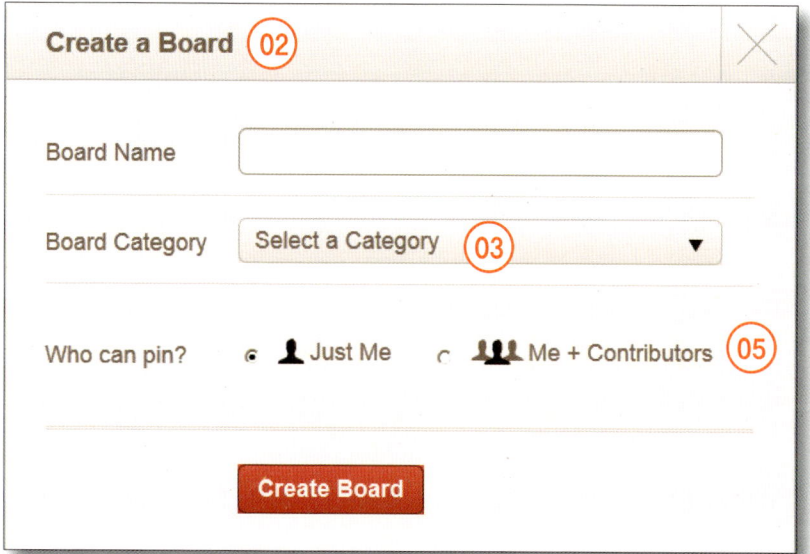

나 아니면 다른 사람들과 같이 사용 할 것인지를 정해 줍니다. 나 혼자 사용할거라 면 'Just Me'를 다른 사람들과 같이 보드를 사용한다면 'Me+Contributors'를 체크합니다.

보드 커버 관리하기

핀터레스트를 사용하면서 핀과 보드가 늘어나면 이에 어울리도록 보드 커버 관리가 필요합니다. 보드 커버는 보드 내에 있는 여러 핀 중에 무작위로 대표사진을 보여줍니다. 보드 커버의 관리는 보드의 여러 사진 중 제일 괜찮은 사진을 커버로 설정해주는 작업입니다. 예시에 있는 여러 개의

▲ 내 보드 화면

보드 중 'hardware board'의 보드 커버를 바꾸어 보겠습니다. 이 보드에는 8개의 핀이 있으며 이 중 아래에 있는 마우스 사진으로 바꿀 것입니다.

Pin it

01 바꾸고 싶은 보드 커버 위에 마우스를 올립니다.

02 사진 위에 마우스를 올리면 '보드 커버 편집 [Edit Board Cover]'라는 버튼이 생겨납니다.

03 [Edit Board Cover] 버튼을 클릭합니다.

04 원하는 사진을 선택합니다.

05 사진을 선택한 후 사진을 클릭해서 움직여서 마음에 드는 위치로 옮깁니다.

06 커버 설정 [Set Cover]을 클릭하면 보드 커버가 바뀝니다.

5. 소셜기능 사용하기

핀터레스트는 다른 사람들과 연결하고 공유하는 소셜 서비스 입니다. 소셜 기능을 통해 핀터레스트는 더욱 큰 영향력을 발휘합니다.

Pinterest

5 소셜기능 사용하기

기본기능에 익숙해진 다음에는 핀터레스트의 소셜 기능을 사용하여 다른 사람들과 관계를 맺는 방법을 설명하였습니다.

이 장의 주요 내용

자기 소개 잘 만드는 방법

다른 사람 팔로잉하기

지인을 초대하는 방법

리핀, 좋아요, 댓글 다는 방법

가격표 붙이는 방법

핀잇 버튼 사용 방법

소셜 기능 사용하기 1

핀터레스트를 본격적으로 활용하기 위해서는 일단 예쁘게 관리를 해줄 필요가 있습니다. 물론 핀터레스트를 이미지의 수집이나 비주얼 메모장으로 자기 혼자만 쓴다면 다른 사람들을 신경 쓸 필요가 없습니다.

하지만 핀터레스트를 통해 다른 사람과 관심사를 공유하고 인간관계를 넓히거나 또는 자신의 블로그 사이트를 알리기 위해서, 사업적인 목적을 위해 핀터레스트를 이용한다면 다른 사람들에게 자신의 보드를 알리고 많은 사람들과 관계를 맺을 수록 유리할 것입니다.

자기 소개 잘 만들기

다른 사람과 처음 만날 때 가장 중요한 것 중 하나가 바로 첫 인상입니다. 첫 인상에 따라 그 사람과 관계가 맺어질 수도 있고 아닐 수도 있습니다.

첫 인상을 깊게 남기는 방법은 개성적인 자기 소개를 통해 상대방에게 자신을 각인 시키는 것입니다. 핀터레스트에서 상대방과의 첫 만남은 보드 위에 있는 자기 소개란입니다.

자기 소개에서 가장 먼저 눈이 가는 부분은 프로필 사진입니다. 프로필 사진을 신중하게 선택하여 올리시기 바랍니다. 옆에 씌여 있는 자기소개

▲ 핀터레스트 자기소개

글도 잘 써야 겠지만 이상하게 찍거나 너무 장난스럽게 찍은 사진의 경우 모르는 사람에게 불쾌감을 줄 수 있으니 정상적으로 찍은 사진을 사용하시기 바랍니다. 되도록이면 호감가게 찍은 사진이면 더 좋겠죠. 사진 옆에 있는 자기 소개 역시 다른 사람에게 자신을 잘 표현하는 한 가지 방법입니다. 200자 내에서 간결하게 자신을 잘 알릴 수 있도록 작성하시기 바랍니다.

개인이 아니라 쇼핑몰이나 소호 몰을 운영하는 경우 자신의 사이트가 신뢰할 만한 사이트라는 것을 적극적으로 어필 할 수 있도록 해야 합니다.

자기소개나 사이트의 소개를 어떻게 적을 것인가에 대한 정답은 없습니다. 하지만 기본적 원칙은 다음과 같습니다.

첫째, 자기 소개를 보는 사람에게 신뢰를 줄 수 있어야 한다.
둘째, 개성적인 소개로 인상을 남길 수 있어야 한다.
셋째, 지나치게 장난스러운 사진이나 문구를 사용하지 않는다.

ⓟ 핀터레스트 팁 : 핀터레스트에서 외국인과 교류하고 싶을 경우 영어나 해당 국가의 언어로 자기소개를 적는 것도 좋습니다. 한국어랑 같이 적으세요.

다른 사람 팔로잉 하기

핀터레스트에서 보드를 만들고 핀을 할 수 있게 되었다면 이제 다른 사람과 연결을 해야 합니다. 이를 '팔로우(Follow)'라고 하는데 기본적인 개념은 트위터에서의 '팔로우'와 같다고 생각하면 쉽습니다. 내가 다른 사용자를 팔로잉하면 다른 사용자가 핀한 사진을 볼 수 있습니다.

마찬가지로 나를 팔로잉하는 다른 사용자들은 내가 핀한 사진들을 볼 수 있는데 나를 팔로잉하는 사람들이 많아지면 내가 핀한 사진들을 많은 사람들에게 보여 줄 수 있습니다.

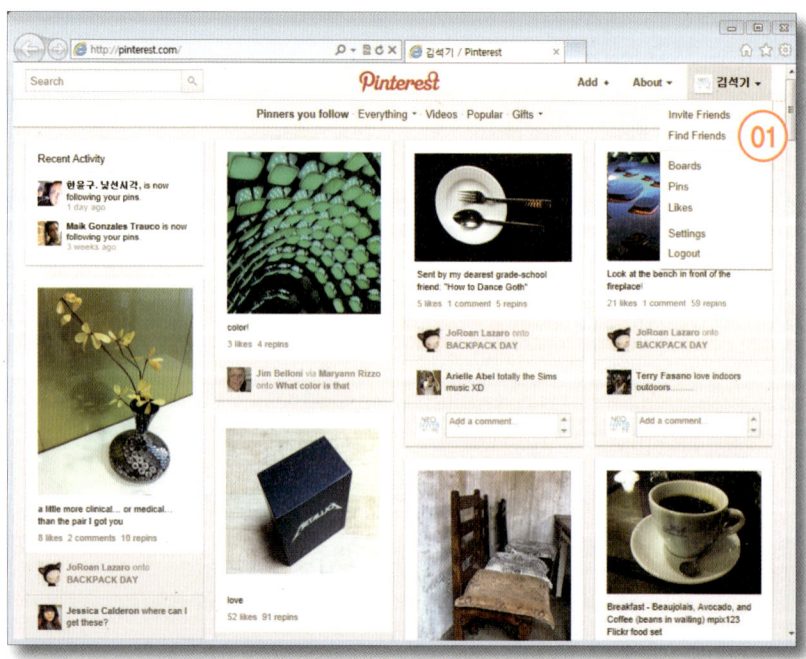

▲ 로그인 후 우측 상단의 이름을 클릭합니다.

Pin it

01 맨 우측 이름 메뉴에 마우스 커서를 올린 후 두 번째 '친구 찾기(Find Friend)' 메뉴를 클릭합니다.

02 페이스북에 나와 연결되어 있는 친구들의 목록이 나오는데 왼쪽이 페이스북을 쓰지만 핀터레스트를 안 쓰는 페북친구들이고 오른쪽이 핀터레스트를 쓰면서 내가 팔로잉하지 않은 친구들의 목록입니다.

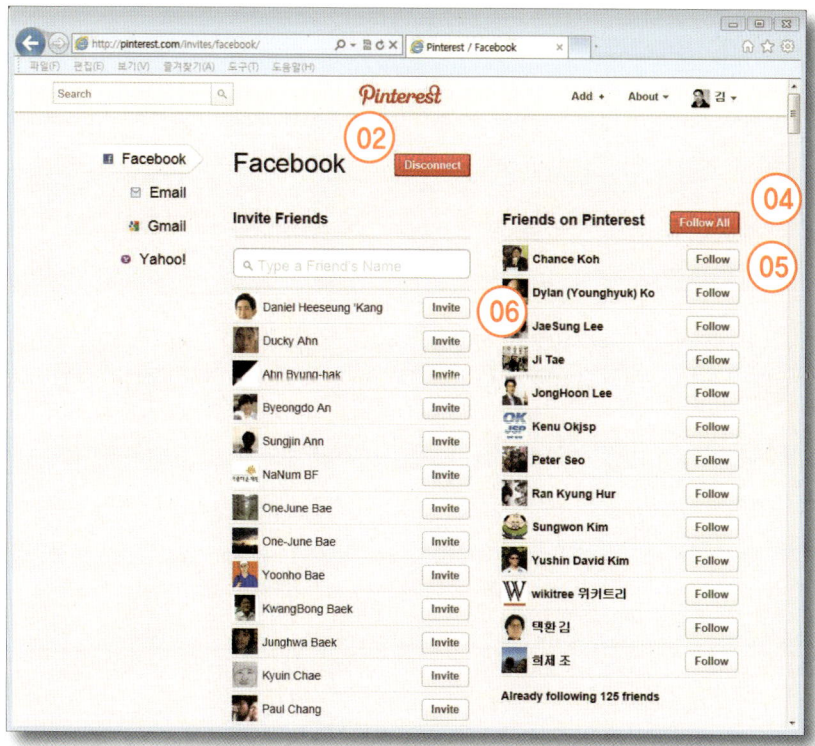

▲ Find Friends가 열린 화면

03 **친구찾기(Find Friends)'**는 기본적으로 자신의 핀터레스트 계정이 연동되어 있는 페이스북에 있는 자신의 친구들을 찾아서 손쉽게 팔로잉할 수 있게 도와주는 기능입니다. 이 기능은 페이스북만 지원하며 트위터에서는 지원되지 않습니다.

04 **'모두 팔로우 [follow All]'** 버튼을 누르면 페이스북의 모든 친구들을 한꺼번에 팔로잉할 수 있습니다. 모든 친구들을 팔로잉하면 'Already following 000 friends' 라는 메시지가 나타납니다.(000명의 친구를 팔로잉 하고 있습니다)

05 핀터레스트를 사용하고 있는 페북 친구들 중 일부만 팔로잉 하려면 'follow all'을 클릭하지 말고 개개인의 사진 옆에 있는 [Follow] 버튼을 따로 따로 클릭합니다. 좌측에 있는 '페이스북을 쓰지만 핀터레스트를 안쓰는 페북 친구들'을 팔로잉 하기 위해서는 먼저 핀터레스트를 사용할 수 있도록 초대해야 합니다.

06 'follow' 마찬가지로 각 친구들의 사진 옆에 있는 '초대 [Invite]' 버튼을 클릭해서 초대합니다.

ⓟ **핀터레스트 팁** : 핀터레스트에서 팔로잉은 사람을 팔로잉 하는 경우와 특정 보드 만을 팔로잉 하는 두 가지 방법이 있습니다.

지인을 초대하는 방법

현재 핀터레스트를 사용하기 위해서는 누군가에게 초대를 받아야 합니다. 여러분들이 다른 사람의 초대를 받아 핀터레스트를 사용하게 된 것처럼 여러분들도 다른 사람들을 핀터레스트로 초대할 수 있습니다.

핀터레스트 초대는 4가지 방법이 있습니다. 바로 전에 설명한 대로 연동된 페이스북 계정에서 바로 초대하는 방법과 이메일 주소로 초대하는 방법 그리고 구글 메일 계정, 야후 메일 계정을 이용하는 방법입니다.

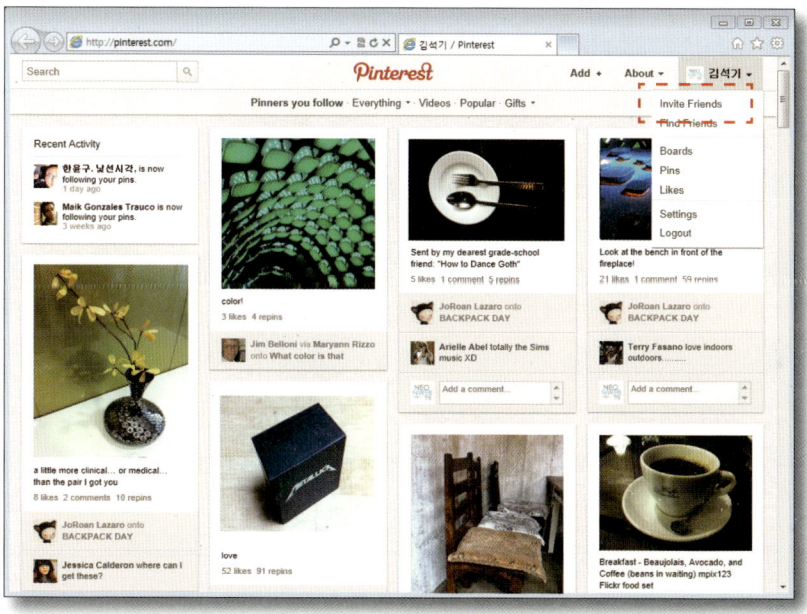

▲ 로그인 후 우측 상단의 Invite Friends를 클릭합니다.

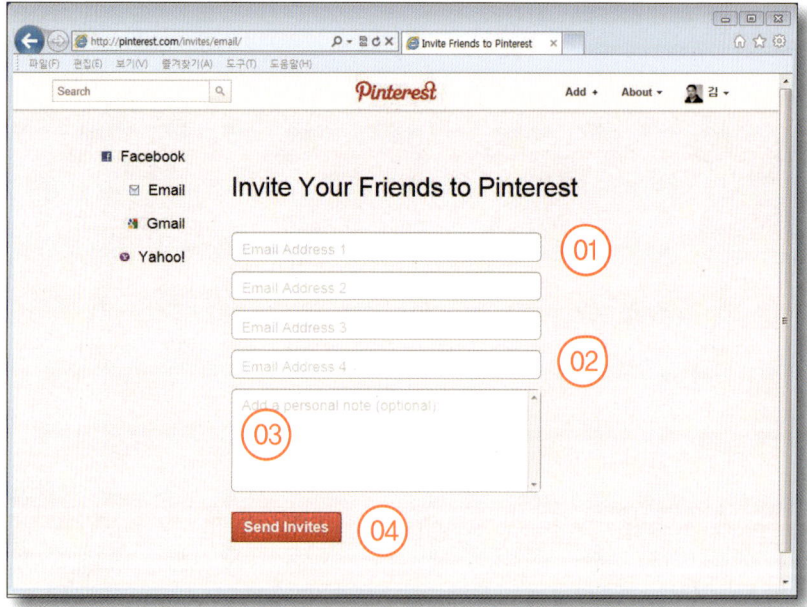

▲ 핀터레스트 이메일 초대 화면

이메일로 초대하기

01 초대하고자 하는 사람의 이메일 주소를 넣습니다.

02 초대할 수 있는 인원 제한이 없습니다. 한 번에 네 명씩 초대할 수 있습니다.

03 초대메시지를 넣습니다.

04 [Send Invites] 버튼을 클릭합니다.

구글 계정으로 초대하기

01 [Email] 아래에 있는 [Gmail]을 클릭합니다.

02 [Find Contact from Gmail] 버튼을 누르면 핀터레스트에서 구글 Gmail 주소록에 접속에 대한 '권한 요청'을 합니다.

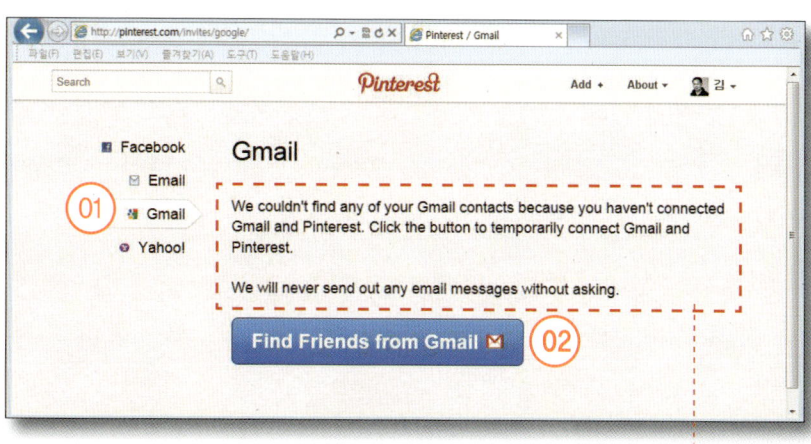

▲ 핀터레스트 G메일 초대 화면

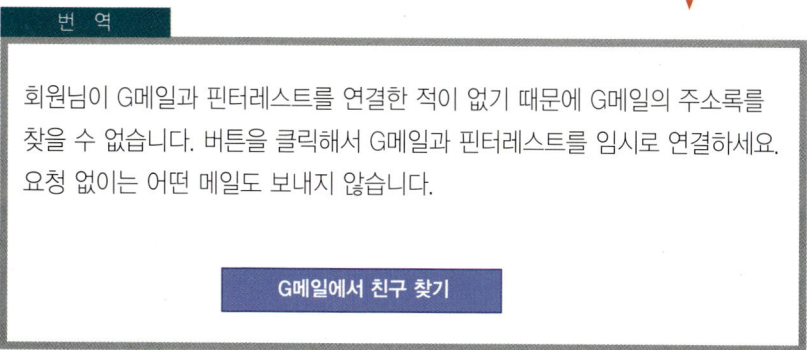

번 역

회원님이 G메일과 핀터레스트를 연결한 적이 없기 때문에 G메일의 주소록를 찾을 수 없습니다. 버튼을 클릭해서 G메일과 핀터레스트를 임시로 연결하세요. 요청 없이는 어떤 메일도 보내지 않습니다.

G메일에서 친구 찾기

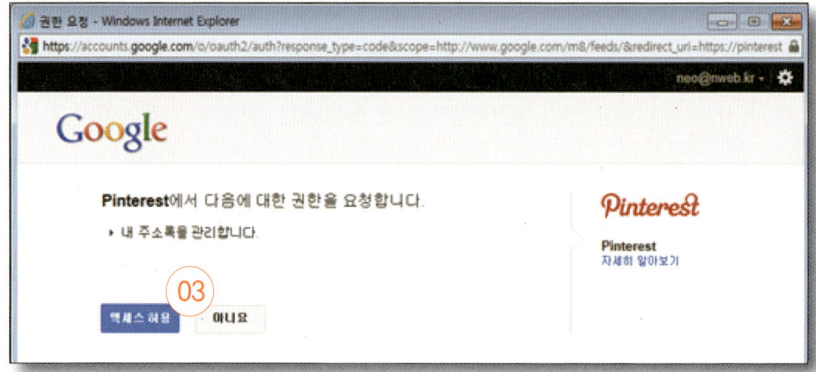

03 [액세스 허용] 버튼을 누르면 핀터레스트가 Gmail에 있는 주소록을 이용하여 구글 주소록에 있는 지인들의 목록을 보여 줍니다.

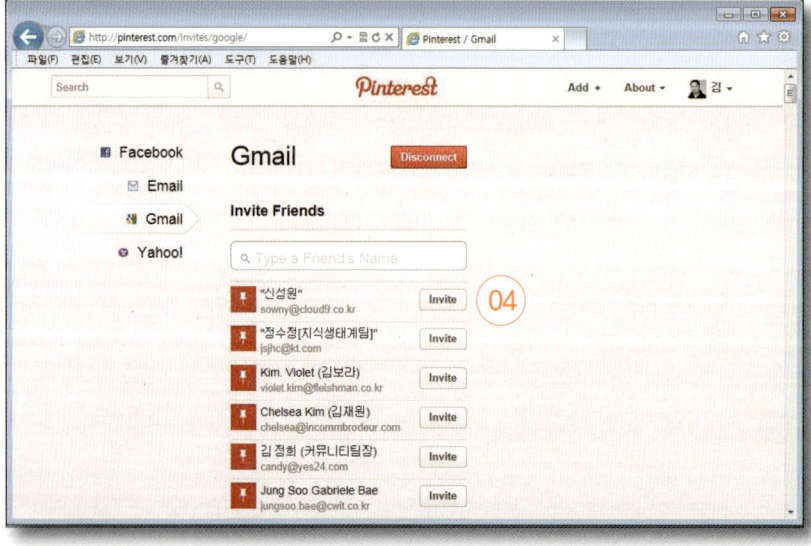

04 목록의 지인 중 원하는 사람의 이름 옆에 있는 [Invite]를 클릭하여 초대합니다. 친구의 이메일로 초대장이 보내집니다.

야후 계정으로 초대하기

01 [Gmail] 아래에 있는 [Yahoo!]를 클릭합니다.

02 [Find Contact from Yahoo] 버튼을 누르면 핀터레스트에서 야후 주소록에 접속에 대한 '권한 요청'을 위해 야후 로그인창이 뜨게 됩니다.

03 야후에 로그인합니다.(야후 계정이 있으시다면)

04 G메일과 마찬가지로 야후 주소록의 지인들이 목록으로 보여집니다.

05 목록의 지인 중 원하는 사람의 이름 옆에 있는 [Invite]를 클릭하여 초대합니다. 친구의 이메일로 초대장이 보내집니다.

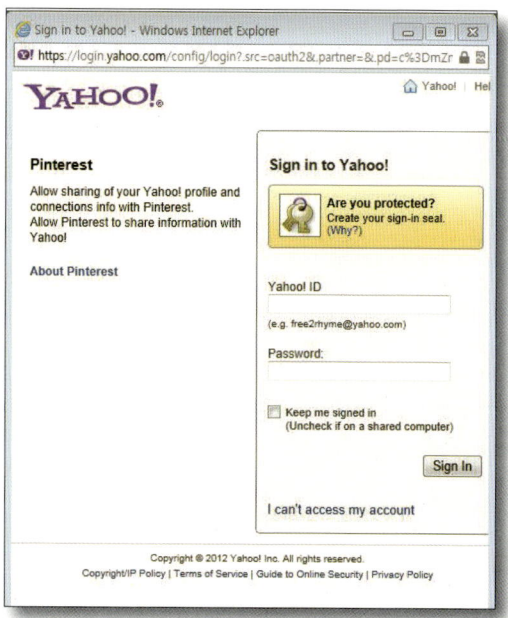

소셜 기능 사용하기 2

소셜 기능 중 'Repin'은 다른 사람들이 핀한 사진 중 마음에 드는 사진을 내 보드에 추가하는 작업을 말합니다. 'Like'는 다른 사람의 사진이 마음에 들 때 'Like'를 클릭함으로써 좋다는 것을 표현 합니다. 페이스북에서의 '좋아요(Like)'와 같은 기능입니다. '댓글(Comment)'은 사진에 대한 간단한 의견을 다는 것입니다.

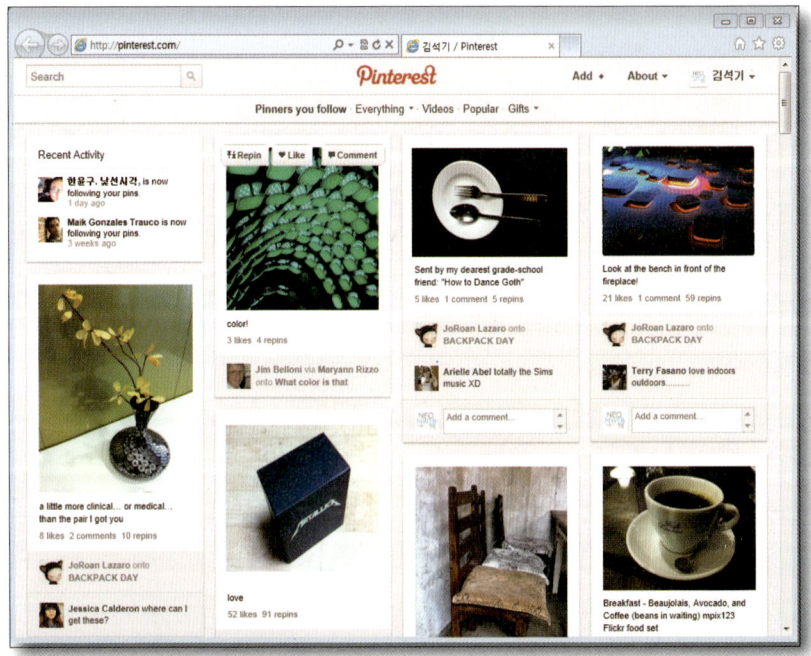

▲ 핀위에 마우스 커서를 올립니다.

리핀하기(Repin)

[Repin]을 클릭하면 아래의 대화창이 뜨는데 핀과 마찬가지로 보드를 지정한 후에 간단한 설명을 달고 [Pin It] 버튼을 클릭하면 핀과 마찬가지로 보드에 리핀됩니다. 코멘트는 500 글자까지 가능합니다.

▲ 리핀 대화창

좋아요 하기(Like)

좋아요(Like)는 [Like] 버튼을 클릭하면 곧바로 반영됩니다. 'Like'가 반영되면 버튼은 '좋아요 취소(Unlike)'로 바뀝니다.

댓글달기(Comment)

사진 위에 마우스 커서를 위치시킨 후 '댓글 [Comment]' 버튼을 클릭하면 [Comment] 버튼이 회색으로 흐려지면서 사진 아래에 '댓글 추가(Add a comment)' 라고 씌여 있는 입력창이 생깁니다. 마찬가지로 500자까지 직접 입력할 수 있으며 입력 후에 [Comment] 버튼을 클릭해 자신의 감상이나 의견을 반영시킵니다. 댓글 역시 '좋아요'처럼 곧바로 처리되어 바로 볼 수 있습니다. 핀터레스트의 댓글 역시 트위터와 마찬가지로 특정한 사람에게 '멘션(Mention)'을 보낼 수 있습니다. 멘션을 보내는 방법 역시 트위터와 같습니다. 사용자 이름(Usermane) 앞에 '@'을 붙이고 내용을 적으면 됩니다. 예를 들어 '@neonweb'처럼 이렇게 '@'을 붙이면 댓글이 저자인 저에게 전달됩니다.

▶ Comment 창

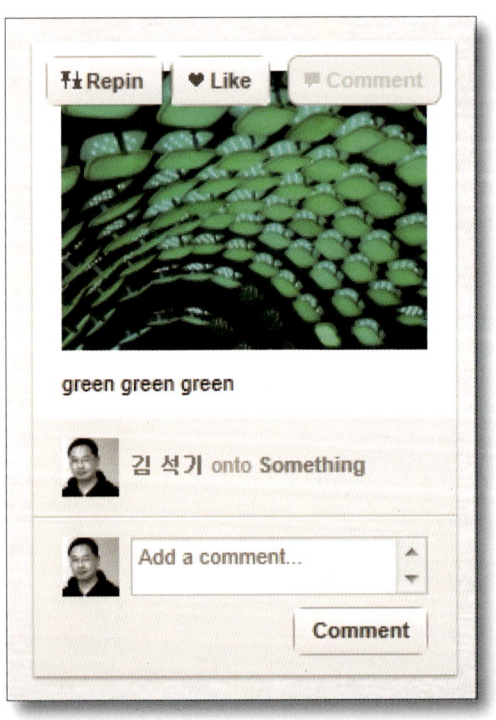

리핀하기

01 핀 위에 마우스를 올립니다.

02 핀 위에 [Repin], [Like], [Comment] 버튼이 나타납니다.

03 [Repin]을 클릭하면, 리핀 대화창에서 '보드'를 선택합니다.

04 선택된 보드 아래에 있는 코멘트창에 댓글을 적습니다.

05 [Pin It] 버튼을 누르면 내 보드에 리핀됩니다.

좋아요 하기

01 핀 위에 마우스를 올립니다.

02 핀 위에 [Repin], [Like], [Comment] 버튼이 나타납니다.

03 [Like] 버튼을 클릭합니다.

04 [Like] 버튼이 [Unlike]로 바뀝니다.

댓글 달기

01 핀 위에 마우스를 올립니다.

02 핀 위에 [Repin], [Like], [Comment] 버튼이 나타납니다.

03 [Comment] 버튼을 클릭합니다.

04 댓글창에 댓글을 입력합니다.

05 [Comment] 버튼을 클릭합니다.

가격표 붙이기

가격표는 핀터레스트가 고안한 고유 개념입니다. 친구들한테 내가 가지고 있거나 관심 있는 제품의 가격을 알려 줌으로서 구매 시 가격에 대한 정보로서 이용할 수 있으며, 쇼핑몰 운영자의 경우 자신이 판매하는 쇼핑몰 제품을 가격과 함께 보여줄 수 있습니다. 가격표를 붙이는 방법은 별도의 버튼이나 대화창이 없이 사진의 '설명란'을 이용합니다.

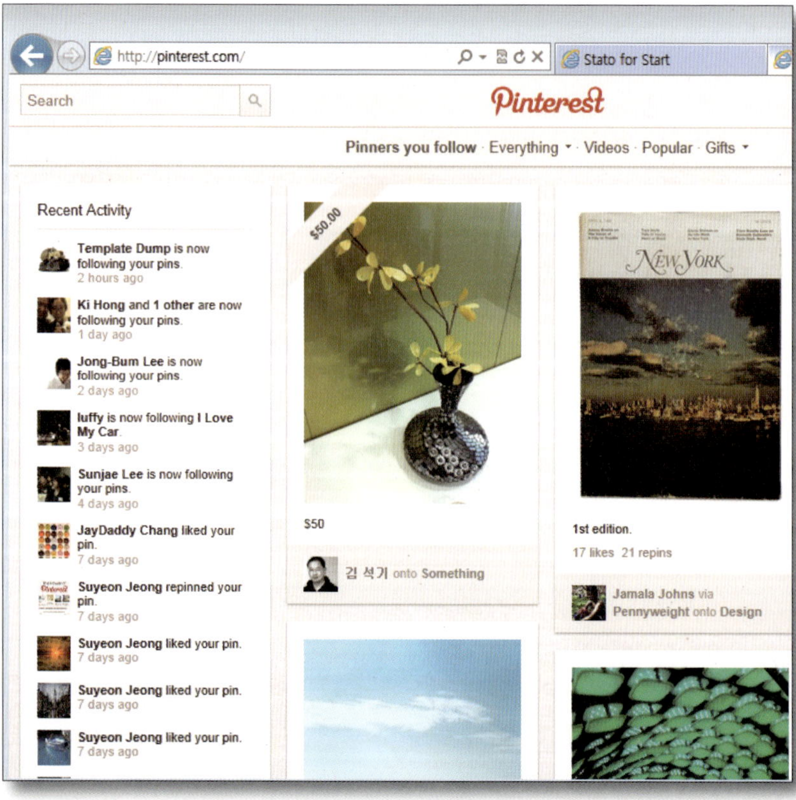

▲ 가격표가 붙은 꽃병 사진 핀

사진의 설명란에 미국의 화폐 단위인 '$'를 한 후 가격을 적으면 그림과 같이 가격표가 사진에 첨부됩니다. '$' 대신 영국의 화폐 단위인 파운드 표시인 '£'를 사용해도 같은 효과를 볼 수 있지만 한글 키보드에서 '£'를 직접 입력할 수 없으므로 달러 표시를 사용합니다.

01 [Upload a Pin] 버튼을 클릭합니다.

02 원하는 사진을 PC에서 찾습니다.

03 사진의 댓글란에 '$' 표시를 적고 원하는 가격을 적습니다. 이때 가격은 달러로 환산한 가치입니다.

04 [Pin It] 버튼을 클릭합니다.

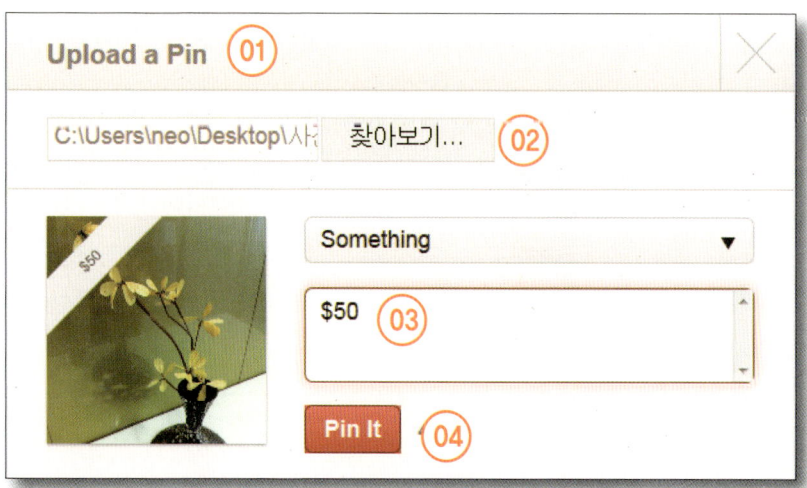

▲ 설명창에 가격을 적어 넣습니다.

핀잇 버튼 이용하기

핀잇 버튼은 '북마클릿(Bookmarklet)'이라는 기능입니다. 브라우저의 '즐겨찾기'에 등록시키면 손쉽게 웹 사이트의 사진들을 내 보드로 옮겨올 수 있습니다. 핀잇을 설치한 후 웹 사이트에서 사진을 핀할 때 자동적으로 웹 페이지 안의 사진을 모아주며 원래 사진의 주소를 함께 가져옵니다.

핀잇 버튼 추가하기

01 핀터레스트에서 [About] 메뉴의 두 번째 메뉴인 [Pin It Button]을 클릭합니다.

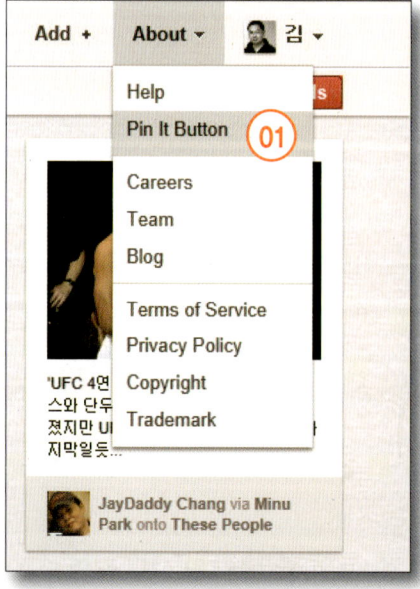

▲ 핀잇 버튼 추가 메뉴

02 [Pin It] 버튼 위에 마우스를 올리고 오른쪽 클릭을 한 후 [즐겨찾기에 추가]를 클릭합니다.

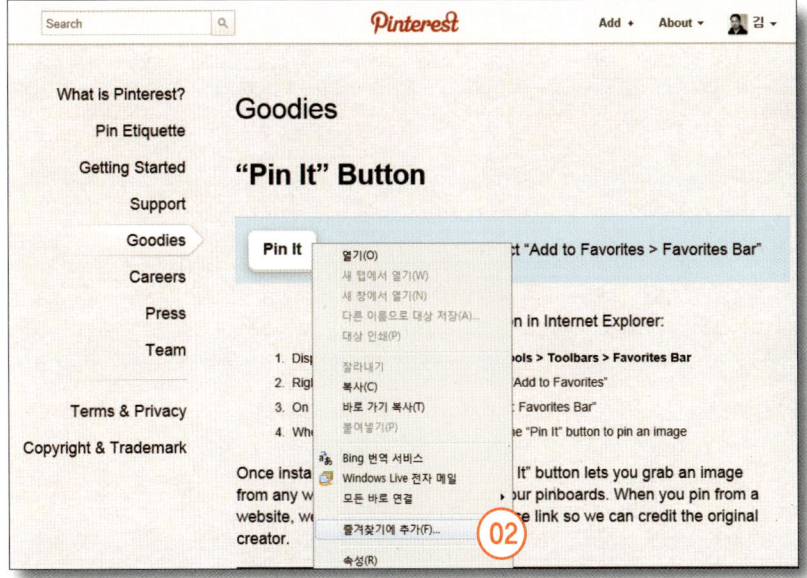

03 '이 북마클릿을 추가하시겠습니까?' 창이 뜨면 [추가]를 클릭합니다.

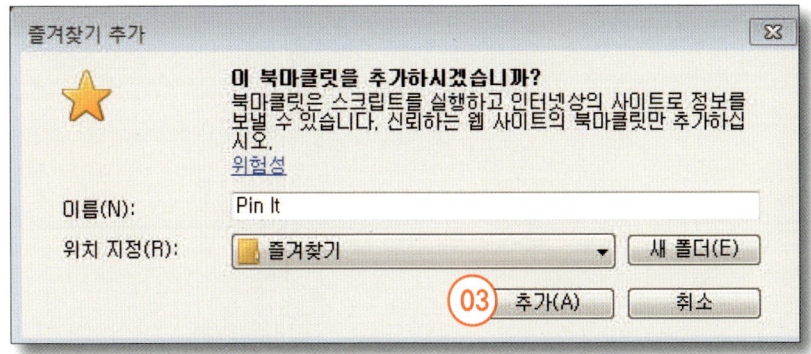

▲ 핀잇 버튼을 즐겨찾기에 추가 여부를 묻는 창

04 [추가]를 클릭해서 핀잇 버튼이 설치되면 아래의 메시지가 나옵니다.

05 [확인]을 누른 후 '즐겨찾기'를 보면 아래와 같이 'Pin It'이 보입니다.

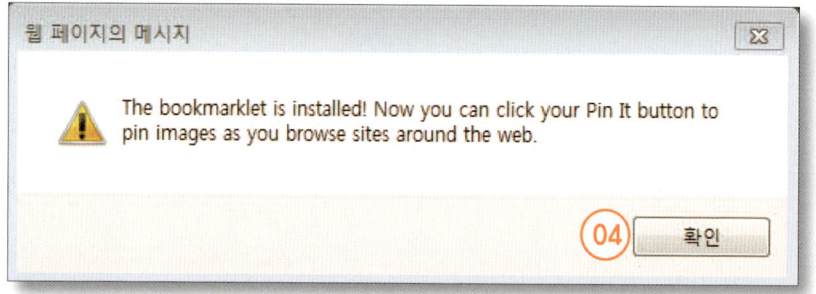

| 번역 | 북마클릿이 설치되었습니다. 지금부터 핀잇 버튼을 클릭하면 웹서핑을 하면서 이미지들을 핀할 수 있습니다. |

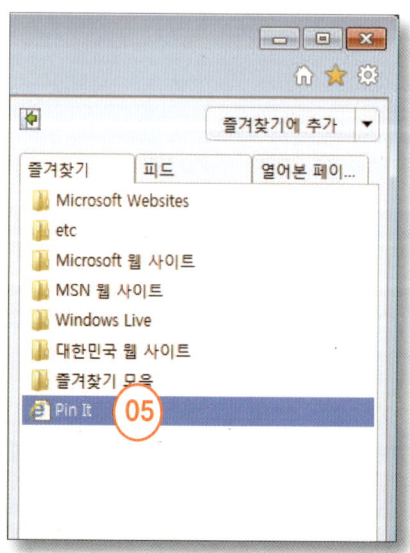

▲ 핀잇 버튼을 즐겨찾기에 추가 된 모습

핀잇 버튼 사용하기

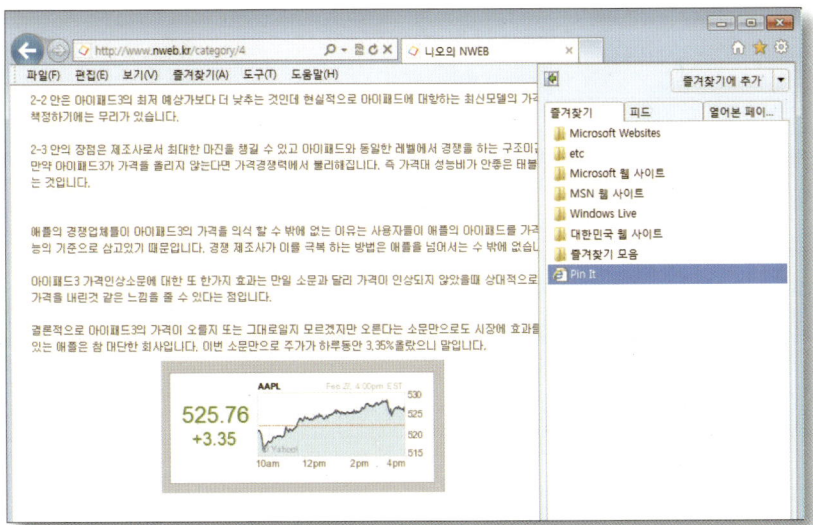

Pin it

01 웹 서핑을 하다가 핀보드에 옮겨가고 싶은 이미지가 보이면 '즐겨찾기'의 [Pin It]을 클릭합니다

02 [Pin It]을 클릭하면 해당 웹 페이지에 있는 모든 이미지를 보여줍니다.

03 이미지 중 원하는 이미지를 클릭하면 자신의 보드로 옮겨갑니다.

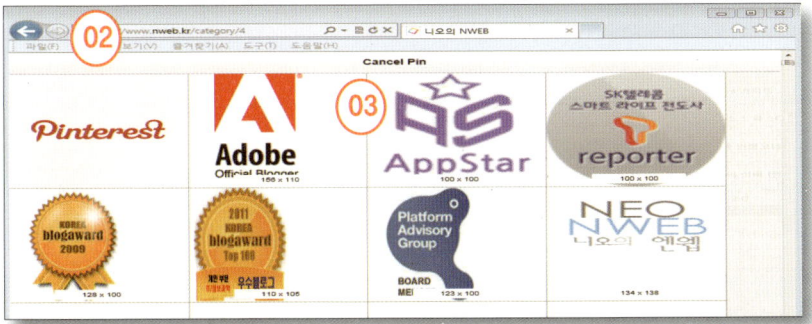

5. 소셜 기능 사용하기 ▮ 115

6. 사용환경 설정하기

핀터레스트를 효과적으로 사용하기 위해서 사용환경의 설정을 설명한 장입니다.

6 사용 환경 설정하기

핀터레스트의 여러가지 사용환경을 설정하는 방법을 설명한 장입니다.

이 장의 주요 내용

이메일

알림

비밀번호

이름, 성, 사용자 이름

성별

자기 소개

위치, 웹 사이트, 이미지

페이스북 연동, 트위터 연동

검색 방지

계정 삭제

환경 설정

▶ 핀터레스트 설정 화면

01 이메일
02 알림
03 비밀번호
04 이름
05 성
06 사용자 이름
07 성별
08 자기 소개
09 위치
10 웹 사이트
11 이미지
12 페이스북 연동
13 트위터 연동
14 검색 방지
15 계정 삭제

01 이메일(Email)

핀터레스트에서 사용하는 메일을 등록합니다. 다른 사람에게는 보이지 않습니다.

02 알림(Notifications)

어떤 때 핀터레스트에서 메일로 알림을 받을지 지정하는 메뉴입니다.

다른 사람들과 같이 만드는 그룹보드에 새로운 핀이 올라왔을 때, 내가 올린 핀에 다른 사람이 댓글을 달았을 때, 내가 올린 핀에 다른 사람이 'Like' 했을 때, 내가 올린 핀이 다른 사람에 의해 'Repin' 되었을 때 등 상황에 따라 메일로 원하는 알림을 받을 수 있도록 설정할 수 있습니다.

◀ 이메일 변경
◀ 그룹 보드에 핀이 올라왔을 때
◀ 댓글을 달았을 때
◀ 다른 사람이 'Like' 할 때
◀ 다른 사람에 의해 'Repin' 되었을 때
◀ 새로운 사람이 팔로우 했을 때
◀ Like, repin, follow 메일 받는 주기
　⊙ 즉시　⊙ 하루한번
◀ 일주일에 한번 요약 메일 받기
◀ 핀터레스트 뉴스와 업데이트 시

▲ 핀터레스트 이메일 설정 화면

03 비밀번호 설정(Password)

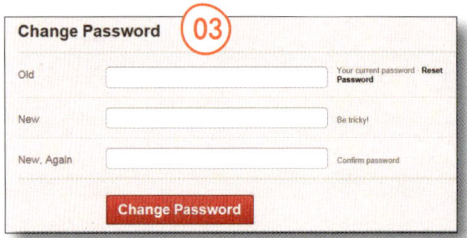

◀ 이전 비밀번호
◀ 새 비밀번호
◀ 새 비밀번호 한번 더 확인

▲ 핀터레스트 비밀번호 설정 화면

04 이름, 05 성, 06 사용자 이름 설정

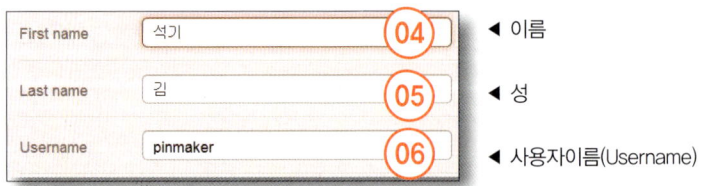

◀ 이름
◀ 성
◀ 사용자이름(Username)

▲ 핀터레스트 이름, 성, 사용자 이름 설정 화면

07 성별(Gender)

남자, 여자, 알수없음 중 하나를 선택합니다.

▲ 핀터레스트 성별 설정 화면

08 자기 소개(About)

자기소개는 200 글자 범위 내에서 자유롭게 적을 수 있습니다. 자기 소개에 자신을 잘 표현하면 다른 사람과 관계를 맺는데 유리합니다. 성실하게 적으면 손해는 보지 않습니다. 너무 장난스럽게 적는 것은 지양하시길...

▲ 핀터레스트 자기소개 설정 화면

09 위치(Location) 10 웹 사이트(Website) 11 이미지(Image)

현재 위치와 웹 사이트를 적는 곳입니다. 웹 사이트는 개인의 경우 블로그 주소를 넣거나 페이스북이나 트위터 주소를 넣으면 되고, 소호 몰인 경우 몰의 주소를 넣습니다. 이미지는 직접 업로드하거나 연동 계정에서 가져옵니다

▲ 핀터레스트 위치, 웹 사이트, 이미지 설정 화면

12 페이스북 연동 13 트위터 연동

페이스북 또는 트위터 계정과의 연동을 설정합니다. 연동되면 핀터레스트에서 핀하거나 코멘트를 쓸 때 연동된 페이스북이나 트위터에 동시에 게재됩니다.

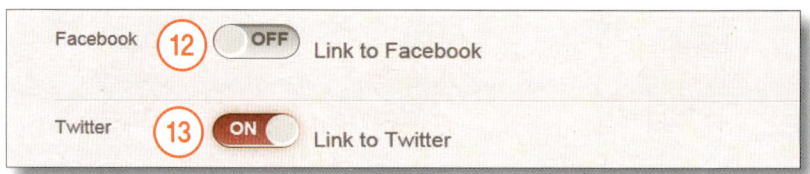

▲ 핀터레스트 페이스북, 트위터 연동 설정 화면

> **번 역** 페이스북과 연동하기 / 트위터와 연동하기

14 검색 방지

구글 같은 검색엔진에서 핀터레스트 프로필이 검색되지 않도록 합니다. 개인 정보보호가 되는 대신 검색 엔진을 통해 자신의 핀터레스트 보드로 유입되는 것 역시 줄어듭니다. 만약 쇼핑 몰이나 소호 몰 등을 운영한다면 검색 엔진을 통해 널리 제품을 알려야 하기에 이 옵션을 'OFF'로 해놓는 것이 좋습니다.

▲ 핀터레스트 검색방지 설정 화면

> **번 역** 검색엔진에서 핀터레스트의 프로필이 검색되지 않도록 합니다.

15 계정 삭제(Delete)

[Delete Account] 버튼을 클릭하면 바로 계정을 삭제하지 않고 다시 한번 진짜로 계정을 삭제하는 것인지 확인하는 절차를 거칩니다. 계정을 삭제하면 이제까지 올렸던 모든 사진들과 보드가 영구히 지워지게 됩니다.

계정을 삭제하려면 '☐ Yes, I want to delete my boards and pins permanently' 에 체크를 한 후 [Delete My Account]을 클릭하면 계정이 영구히 삭제 됩니다.

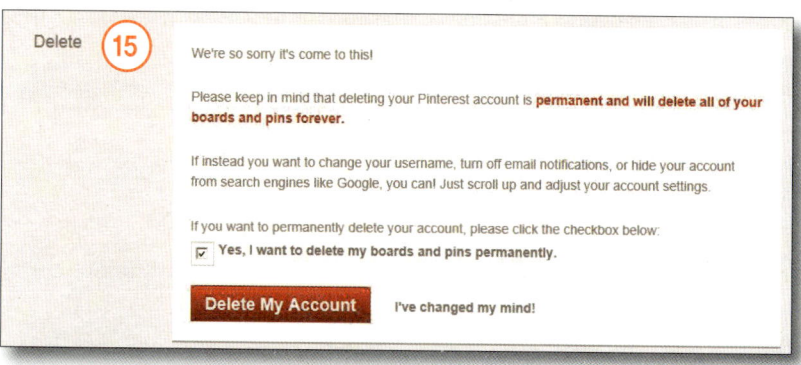

번 역

이 화면까지 오게 해서 죄송합니다.

핀터레스트 계정을 삭제하면 회원님이 만든 모든 사진과 보드가 영구적으로 삭제됩니다. 계정 삭제 대신 사용자 이름을 바꾸고 싶거나 이메일 알람 기능을 해제하거나 구글과 같은 검색 엔진으로부터 계정을 숨기려 한다면 화면을 위로 올려 계정 설정을 변경하면 됩니다.

영구적으로 계정을 삭제하려면 아래 확인란을 클릭하세요.

☐ 예, 나의 보드와 핀이 영구히 삭제되기를 원합니다.

계정 삭제하기   마음을 바꾸었어요!

7. 핀터레스트 앱 사용하기

핀터레스트는 PC 뿐 아니라 아이폰을 이용하여 모바일 환경에서도 편리하게 사용할 수 있습니다.

7 핀터레스트 앱 사용하기

아이폰용 핀터레스트 모바일 앱을 설치하고 사용하는 방법을 설명한 장입니다.

이 장의 내용

아이폰에서 핀터레스트 사용하기

핀터레스트 앱 기능 알아보기

핀터레스트 앱 설치하기

핀터레스트 앱 실행하기

아이폰용 핀터레스트 앱

▲ 아이폰용 핀터레스트 앱

핀터레스트는 PC외에 아이폰에서 사용할 수 있습니다. 현재 아이패드용 핀터레스트를 개발 중에 있으며 나중에는 안드로이드용 핀터레스트 앱도 선보일 것입니다. 아이폰용 핀터레스트 앱은 앱스토어에서 무료로 다운로드 받을 수 있습니다.

핀터레스트 앱 기능 알아보기

- 다른 사람들이 올린 핀과 자신이 팔로우 하는 핀보드 둘러보기
- 리핀, 좋아요, 댓글 등을 달 수 있습니다.
- 아이폰 카메라를 이용해서 찍은 사진을 위치와 함께 핀해서 다른 사람들이 방문할 수 있게 해 줍니다.

핀터레스트 아이폰 앱의 가장 좋은 장점 중 하나는 아이폰을 들고 다니면서 사진 메모로 사용 가능하다는 점입니다. 일상의 기록 뿐 아니라 눈에 들어오는 예쁜 옷이나 액서서리, 책, 음반 등을 위치와 함께 핀해서 나중에 사러 갈 수 있으며, 나와 같은 관심사를 가진 사람들에게 정보를 공유해 줄 수 도 있습니다.

핀터레스트 앱을 통해 다른 사용자들이 만든 핀보드를 들러보면서 새로운 것들을 발견하고 관심사를 공유하는 사람들과 새로운 영감을 얻을 수 있습니다.

현재 개발 중인 아이패드 버전의 핀터레스트 앱이 출시하면 더 큰 화면을 통해 고화질의 사진을 즐길 수 있을 것입니다.

핀터레스트 앱 설치하기

 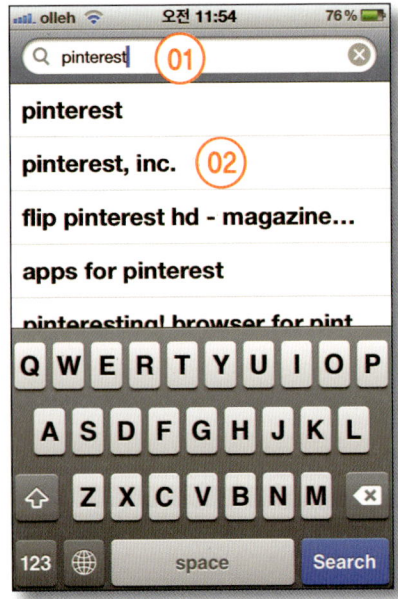

01 앱 스토어에서 핀터레스트를 검색 합니다.

앱 스토어에서 검색할 때 검색어는 영어인 'pinterest'로 검색해야 합니다.

02 검색 시 'Pinterest, inc.'를 선택합니다.

ⓟ 핀터레스트 팁 : 핀터레스트 앱 검색 시 반드시 영문 'Pinteres'로 검색해야 합니다. 한글로 '핀터레스트'는 앱 스토어에서 검색되지 않습니다.

　검색 결과에 맨위에 나온 'Pinterest' 외에도 몇 개의 다른 '핀터레스트 앱'이 눈에 띄지만 맨 위에 있는 'Pinterest inc.'의 앱을 클릭합니다.

　다른 핀터레스트 호환 앱은 정식으로 핀터레스트에서 나온 앱이 아닌데다가 유료 앱이 많습니다. 정식 핀터레스트 앱은 무료입니다.

03 [무료] 버튼을 클릭하면 버튼이 [설치]로 바뀝니다.

04 'Pinterest'를 설치합니다.

05 [설치] 버튼을 클릭하면 앱 스토어 비밀번호를 묻는 창이 나타납니다.

06 비밀 번호를 넣습니다.

07 [승인]하면 설치를 시작합니다.

08 잠시 기다리면 오른쪽 화면처럼 핀터레스트 앱이 설치됩니다.

09 핀터레스트 앱을 클릭하여 실행 시킵니다.

ⓟ핀터레스트 팁 : 핀터레스트 앱은 용량이 6.3MB이며, 3G환경에서 설치하는데 문제가 없습니다.

핀터레스트 앱 실행하기

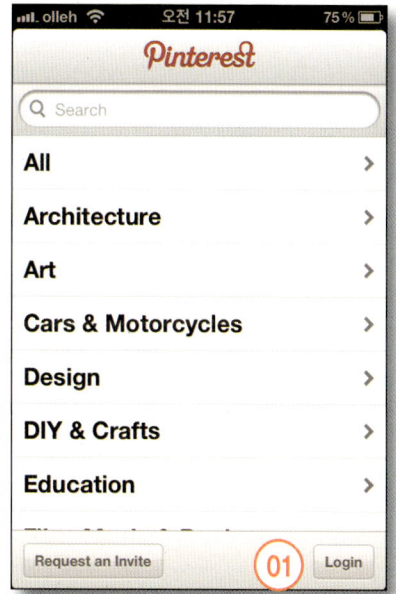 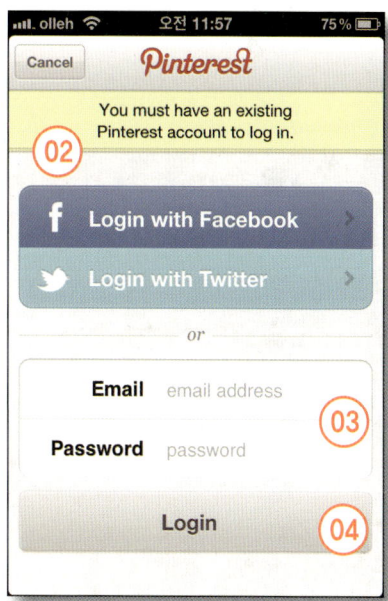

01 우측 아래에 있는 [Login] 버튼을 클릭합니다.

02 오른쪽의 로그인 화면이 뜨면 PC에서와 마찬가지로 자신의 계정이 연동되어 있는 페이스북 또는 트위터 계정을 이용해 로그인합니다.

03 모바일에서 연동되어있지 않다면 핀터레스트 이메일, 비밀번호를 입력합니다.

04 [로그인] 버튼을 클릭합니다.

로그인 후 둘러보기

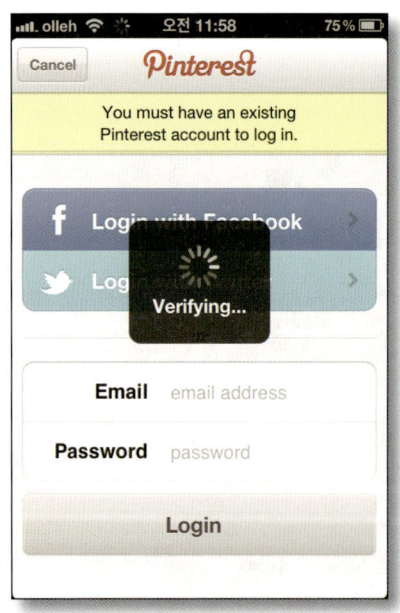 

 로그인되면 팔로잉 하고 있는 사람들이 최근에 올린 핀들을 바로 볼 수 있습니다. 뿐만 아니라 팔로잉하는 사람들의 '좋아요'나 '댓글' 역시 앱에서 확인할 수 있습니다.

ⓟ 핀터레스트 팁 : 핀터레스트 앱 로그인 역시 페이스북 또는 트위커와 연동되어 편리하게 로그인이 가능합니다.

둘러보기(explore)와 카메라

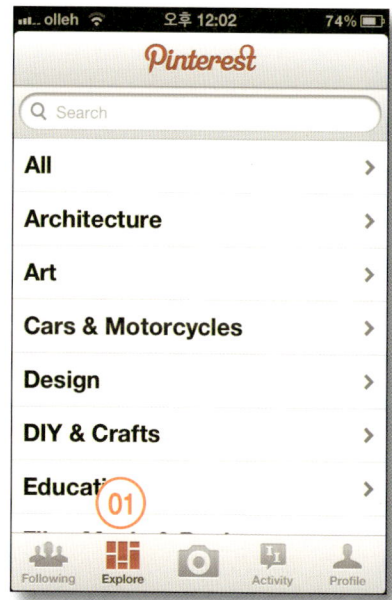 

01 '둘러보기(Explore)'는 PC에서 'Everything'메뉴에 해당합니다. 32개의 카테고리에서 새롭게 올라 오는 핀들 중 인기 있는 핀들을 볼 수 있습니다.

02 카메라 아이콘은 핀터레스트앱에서 바로 찍어서 사진을 올리거나 아이폰에 저장되어 있는 사진을 올리는 기능입니다.

활동(Activity)과 프로필(Profile)

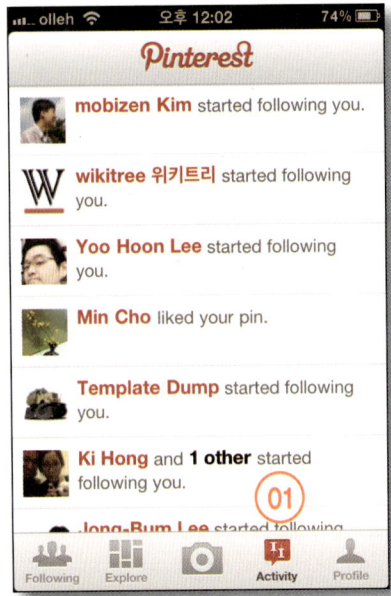

01 '활동(Activity)'은 핀터레스트에서 팔로잉한 다른 사용자들이 핀이나 댓글, 라이크 등의 활동을 실시간으로 알려줍니다.

02 '프로필(Profile)'은 핀터레스트에서의 나의 활동을 한 눈에 볼 수 있도록 정리되어있습니다. 아울러 자신이 관리하고 있는 보드와 보드의 사진들도 바로 찾아 볼 수 있습니다.

계정(Account)

 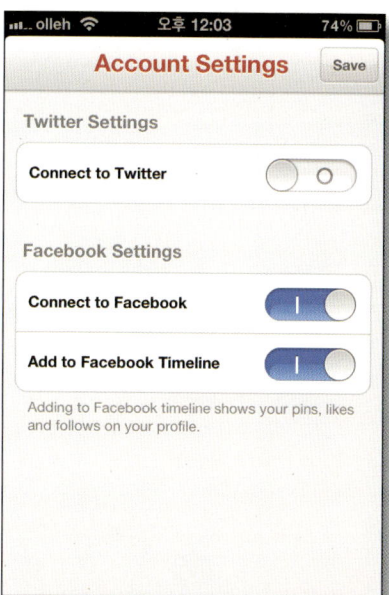

01 'Profile'에서 좌측 상단의 [Account]를 클릭하면 계정과 관련된 몇 가지 버튼이 나타납니다.

02 맨 위의 [Logout] 두 번째 [Account Setting]은 트위커 또는 페이스북과 연동을 관리합니다.

03 [Install Bookmarklet]을 클릭하면 아이폰에서 북마크 하는 방법을 설명하는 페이지로 넘어갑니다.

04 [Feed back]을 클릭하면 앱에 대한 건의사항을 보낼 수 있습니다.

핀터레스트 앱으로 촬영하기

Pin it

01 '카메라' 아이콘을 클릭합니다.

02 좌측 화면과 같이 카메라 창이 열리면 사진을 찍습니다.

03 사진을 찍은 다음 화면의 사진을 움직여서 원하는 프레임으로 조정합니다.

04 마음에 드는 위치 조정과 밝기 조정이 끝난 후 '사용 [Use]' 버튼을 클릭합니다.

핀터레스트 앱으로 핀하기

 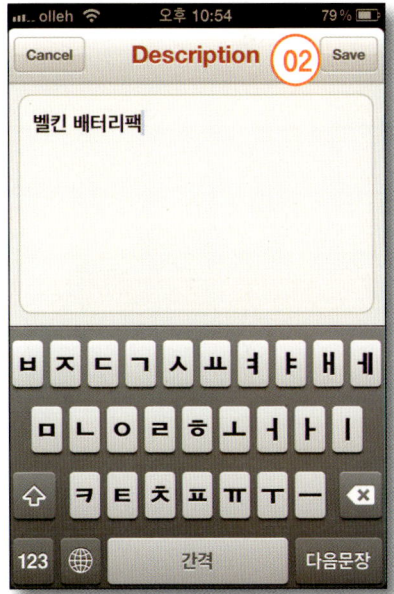

01 'Describe your pin(핀에 대해 설명하기)'를 터치하면 설명을 적는 우측 화면이 나타납니다.

02 이곳에 사진에 대한 설명을 간단히 적고 '저장 [Save]'를 클릭 한 후 어느 보드에 올릴 것인지 설정합니다.

03 Place는 사진을 찍은 위치정보를 같이 올리는 옵션이며, 동시에 올리기 원하는 서비스를 선택합니다. 여기서는 페이스북을 선택했습니다.

04 모든 조정이 끝난 다음에 화면 우측 상단의 [Pin It] 버튼을 클릭합니다.

핀한 사진 확인하기

Pin it

01 좌측 화면과 같이 핀터레스트에 사진이 피닝되었습니다.

02 이 핀은 모바일에서 뿐 아니라 웹 사이트에서도 동시에 올라갑니다.

03 우측 화면은 웹 사이트 보드에 사진이 올라온 모습입니다.

페이스북에 올라간 사진 확인하기

 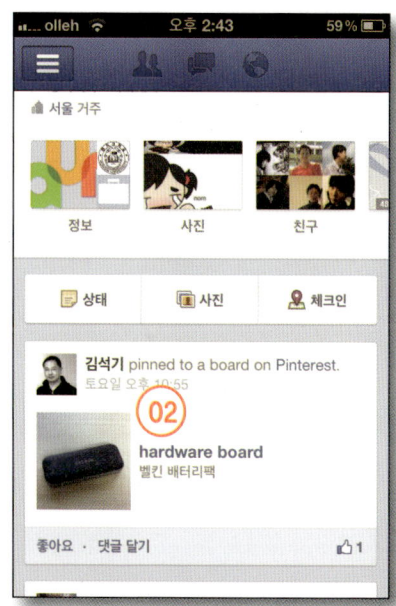

Pin it

01 페이스북에도 동시에 올리는 옵션을 선택했으므로 페이스북에 올라간 것 역시 페이스북 앱으로 확인합니다.

02 약간 시간이 소요되기는 하지만 페이스북에도 사진이 올라갔습니다.

ⓟ 핀터레스트 팁 : 핀터레스트 앱은 페이스북과 연결되어 타임라인에 사진이 올라갑니다. 환경 설정에서 설정을 먼저 하세요.

8. 핀터레스트 활용하기

이 장에서는 핀터레스트를 나의 관심사와 일상생활에 실제로 활용할 수 있도록 여러 예를 제시합니다.

여기서 제시한 사례를 바탕으로 창의성을 발휘하여 핀터레스트라는 무한한 가능성의 바다에서 행복한 Pinner가 되시기 바랍니다.

8 핀터레스트 활용하기

핀터레스트를 보다 잘 활용할 수 있는 방법에 대해 알아보겠습니다.

이 장의 주요 내용

핀터레스트를 사랑하는 10가지 이유

자기 표현과 즐거움을 위한 핀터레스트 활용

생활 계획을 위한 핀터레스트 활용

쇼핑을 위한 핀터레스트 활용

요리를 위한 핀터레스트 활용

집안 꾸미기를 위한 핀터레스트 활용

여행 계획을 위한 핀터레스트 활용

핀터레스트를 사랑하는 이유

Esteban Contrreras라는 한 피너는 '우리가 핀터레스트를 사랑하는 10가지 이유(10 Reasons of We love Pinterest)'를 정리했습니다. 이 내용을 보면 핀터레스트를 어떻게 활용할 지와 무엇을 할 수 있는지에 대해 잘 보여주고 있습니다.

01 자기표현(Self-Expression)
자신이 좋아하는 것들의 사진을 모아 공유함으로써 자신의 취향과 개성을 표현을 할 수 있습니다.

02 호기심(Curiosity)
다른 사람들이 피닝한 사진들을 보면서 다른 사람들의 관심사에 대한 호기심을 충족시킬 수 있습니다.

03 성취(Accomplishment)
개인적인 관심사에 대한 콜렉션을 공유하여 성취감을 느낍니다.

04 큐레이션(Curation)
넘치는 정보 중에서 그 분야에 대해 잘아는 사람들이 추천하는 정제된 정보를 얻을 수 있습니다.

05 커뮤니티(Community)
같은 관심사를 가지는 사람들과 관심사를 공유하며 인간적인 관계를 형성할 수 있습니다.

06 관련성(Relevance)

내가 관심 있는 분야와 연관된 다른 분야에 대해 관심사를 넓혀갈 수 있습니다.

07 지루하지 않음(Anti-Boredom)

핀터레스트의 수 많은 사진들을 보고 있자면 지루할 틈이 없습니다.

08 생활계획(Life Planning)

핀터레스트를 이용하여 실질적으로 집을 꾸미거나 물건을 사는 것과 같은 생활에 대한 계획을 세울 수 있습니다.

09 탈출(Escape)

핀터레스트를 통해 세계 곳곳의 장소를 구경하거나 그곳에 사는 사람들의 모습을 보면서 지루한 일상에서 탈출할 수 있습니다.

10 약속 업무(Engagement)

핀터레스트에서 제공되는 SNS기능을 통해 다른 사람과 약속을 잡는데 활용할 수 있습니다.

ⓟ핀터레스트 팁 : 이 문서는 '슬라이드쉐어(SlideShare)'에서 '10 Reasons of We love Pinterest'을 검색하시면 찾을 수 있습니다.

핀터레스트 활용 방법

자기 표현과 즐거움을 위한 핀터레스트 활용

개개인의 취향과 관심사가 각각 다르기 때문에 어떤 것을 통해 자기 표현을 하는 지에 대한 정답은 없습니다. 비틀즈를 열광적으로 좋아하는 사람은 비틀즈 보드를 만들어 비틀즈의 사진을 모을 수도 있고 애플과 스티브 잡스에 대한 보드를 통해 자신의 관심사를 표현 할 수 있습니다.

핀터레스트를 통한 자기 표현의 소재는 무한하다고 해도 좋을 만큼 아무런 제약이 없습니다만 오히려 아무런 제한이 없음으로 인해 무엇을 해야 할 지 혼란이 오기도 합니다.

자신이 관심을 가지고 있는 것이 무엇인지 생각해 보세요. 음악과 미술 같은 예술 분야 일 수도 있고 자동차나 카메라 일 수도 있습니다. 자신이 현재 가지고 있는 것들로 보드를 채울 수도 있겠지만 앞으로 가지고 싶은 것들로 보드를 채울 수도 있습니다.

예를 들어 자신이 좋아하는 것이 맛있는 음식과 음료를 즐기는 것이라면 자신이 돌아다니면서 즐기던 음식이나 술 뿐만 아니라 앞으로 먹어보고 싶은 음식들을 피닝함으로서 자신의 개성을 표현할 수 있습니다.

나아가 자신이 직접 요리를 한다면 음식 뿐 아니라 음식에 필요한 식재

료를 찾아볼 수 있으며, 예쁜 그릇이나 컵 그리고 음식을 만드는 조리 기구들을 찾아보고 비교해 볼 수 있을 것입니다.

그림을 좋아한다면 자신이 좋아하는 작가의 작품들로 보드를 채워 나만의 갤러리를 만들어 봅시다.

핀터레스트를 통한 자기 표현은 그 자체로서 즐거움입니다. 자신이 좋아하는 것을 모으고 감상하면서 즐기다보면 자신과 같은 관심을 가진 사람들과 자연스럽게 교류하게 됩니다.

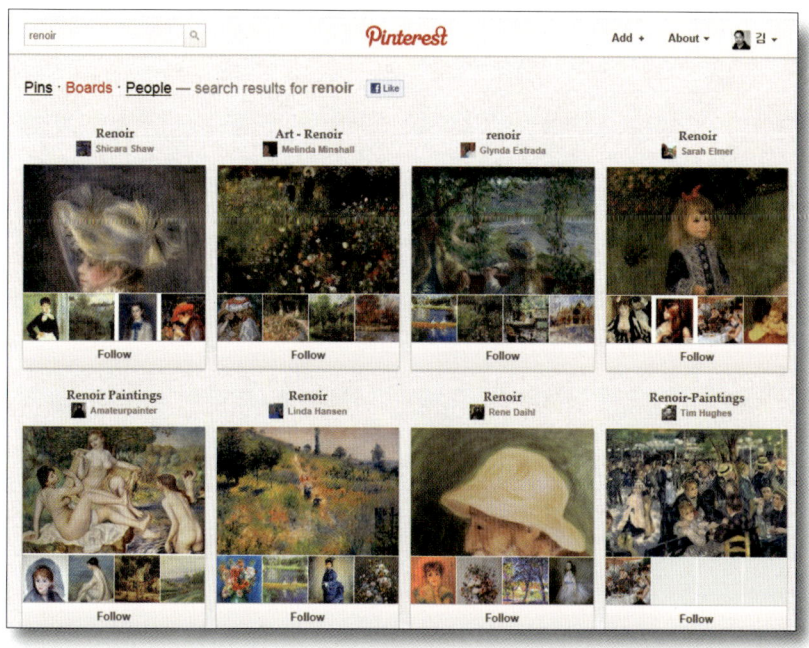

▲ 르노아르 작품을 모아 놓은 보드

생활 계획을 위한 핀터레스트 활용

가장 손쉽게 생활에 핀터레스트를 활용하는 방법은 바로 쇼핑에 이용하는 것입니다. 수 많은 물건을 가격대별, 종류별로 빠르게 검색할 수 있으며 직관적인 사진을 통해 물건을 인식하고 연결된 링크를 거쳐 곧 바로 구입할 수 있습니다.

쇼핑 외에도 요리나 여행 계획, 집안 꾸미기 등 가정 생활의 전반에 핀터레스트를 활용할 수 있습니다. 핀터레스트는 생활과 관련된 많은 사진과 정보를 가지고 있으며 핀터레스트 보드와 핀의 기능은 이런 정보들을 한 눈에 비교해서 볼 수 있도록 제공합니다.

단순히 물건을 구입하기 위해 물건을 찾는 것 뿐 아니라 무심코 둘러보다 보면 무엇을 할 것인지에 대한 영감을 얻을 수 있습니다. 이 장에서는 핀터레스트를 생활에 활용하는 대표적인 사례로서 쇼핑, 요리, 집안 꾸미기, 여행 계획에 이용하는 방법을 알아보지만 이것들에 제한될 필요가 없습니다.

이외에도 아이들 교육이나 다이어트, 애완동물 기르기, 집안 정리 정돈 등 생활 도처에서 핀터레스트를 활용할 방법은 무궁무진합니다. 무엇을 상상하든 핀터레스트 안에 다 있습니다.

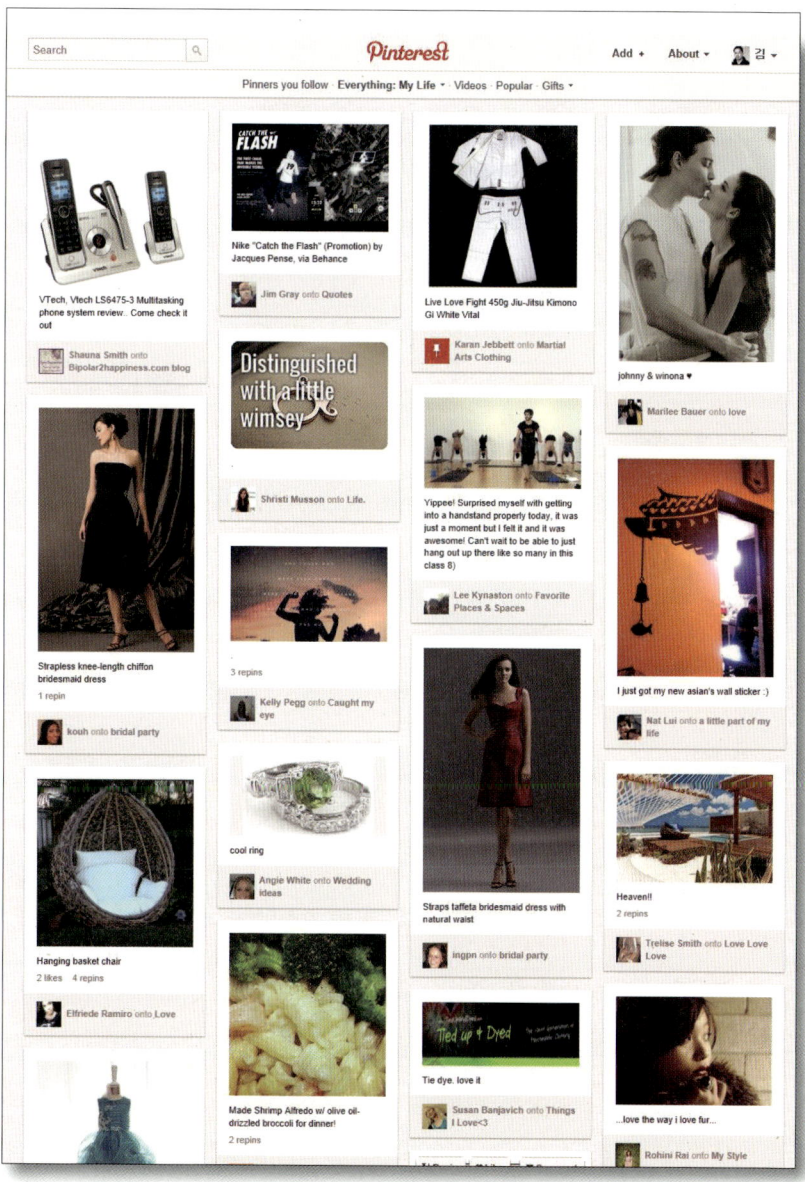

▲ 핀터레스트의 'My Life' 카테고리

쇼핑을 위한 핀터레스트 활용

핀터레스트는 쇼핑하는데 적합한 구조와 기능을 제공하고 있습니다. 첫째 어떤 서비스보다 시각적으로 구성되어 있으며, 둘째 핀에 가격표를 붙여 해당 상품이 얼마인지 쉽게 알아볼 수 있습니다.

위시 리스트 보드 만들기

위시 리스트는 말 그대로 '원하는 제품'을 적는 목록입니다. 핀터레스트에서는 글로 적는 목록 대신 원하는 제품을 사진으로 정리할 수 있습니다. 간단히 설명하면 쇼핑몰에서 장바구니에 물건들 담듯이 원하는 물건들을 보드에 담아 둘 수 있는데 장바구니의 경우 해당 쇼핑몰의 제품만을 담을 수 있는데 반해 핀터레스트의 보드는 그러한 제한 없이 어떤 물건이든 위시 리스트 보드에 담아둘 수 있습니다.

물건 찾기

핀터레스트에서 물건을 쉽게 찾는 방법은 핀터레스트가 제공하는 'Gifts'기능을 활용하는 것입니다. 'Gifts'메뉴는 여러 가지 물건들을 가격대 별로 세분화하여 사진으로 보여주는데 마음에 드는 물건이 보이면 먼저 만들어 놓은 위시 리스트 보드에 피닝하면 됩니다. 일반적인 웹 서핑을 하다가 마음에 드는 물건이 보일 때는 핀잇 기능을 이용하여 위시 리스트 보드에 담습니다. 같은 물건이라 하더라도 파는 곳에 따라 가격이 다를 수 있습니다. 이런 경우 핀터레스트 보드에 같이 담아두면 편리하게 비교하여 더 싼 곳의 물건을 핀에 담긴 주소를 통해 구입할 수 있습니다.

손쉽게 친구에게 물건을 추천하기

인터넷 쇼핑을 하다 보면 친구들에게 추천할 만한 물건을 보는 경우가 있습니다. 단순히 가격이 싼 것도 있겠지만 구하기 어렵거나 같은 관심사를 가진 친구들에게 추천할 만한 가치가 있는 물건의 경우 물건을 구입할 수 있는 인터넷 주소나 또는 오프라인 상점에서 구입할 수 있는 정보와 가격에 대해 설명을 달아서 보드에 피닝합니다.

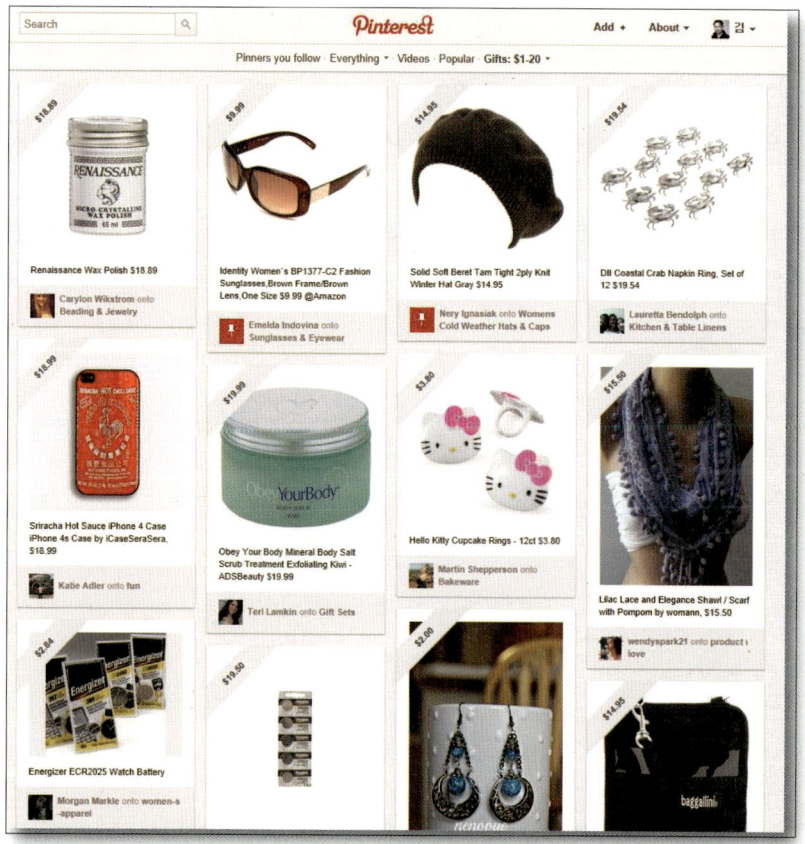

▲ 핀터레스트의 '기프트' 메뉴

8. 핀터레스트 활용하기   155

요리를 위한 핀터레스트 활용

맛있는 요리를 먹는 것은 인생의 참 즐거움 중 하나입니다.

핀터레스트에는 엄청난 양의 요리사진 뿐 아니라 요리에 대한 레시피가 있습니다. 단순하게 '요리 사진'을 모아 놓는 보드를 만들 수도 있겠지만 특이한 요리를 중심으로 테마 요리 보드를 만드는 것도 괜찮습니다.

예를 들면 '이탈리아 파스타 보드' 나 '스시 보드'처럼 음식의 종류에 따라 보드를 만들 수 있으며 '봄 나들이 도시락 보드', '캠핑 요리 보드', '로맨틱한 저녁 식탁 보드'처럼 아이디어를 가지고 요리보드를 구성하는 방법도 있습니다.

맛집을 따로 모아 공유하는 보드도 좋습니다. 맛집에 대한 평과 위치, 가격 정보 등을 핀에 설명으로 달아서 친구들과 공유하면 나중에는 훌륭한 맛집 콘텐츠가 만들어 집니다.

처음에는 'Food' 카테고리에서 마음에 드는 음식들을 리핀하는 방법으로 가볍게 시작합니다만 요리에 취미가 있는 사람일 경우 요리에 대한 레시피를 'Comment'에 달아 정리하고, 직접 요리를 하는 경우 요리를 위한 재료 준비나 요리 과정들을 카메라로 찍어 기록으로 남길 수 있습니다.

푸드 카테고리에는 정말 맛있어 보이는 음식들이 가득합니다. 정신 없이 음식 사진에 빠지다 보면 어느 새 배가 고프더군요.^^

ⓟ핀터레스트 팁 : 핀터레스트를 이용한 쇼핑은 단순히 물건의 사진을 통해서 보는 것만 이 아니라 비슷한 물건의 비교 및 같은 물건의 가격비교를 모두 할 수 있고 친구나 주변사람들에게 의견을 구할 수 있는 장점이 있습니다.

▲ 르핀터레스트의 'Food & Drink' 카테고리

집안 꾸미기를 위한 핀터레스트 활용

  집안 꾸미기는 간단한 소품의 장식부터 대대적인 인테리어 공사에 이르기까지 범위가 매우 넓습니다. 핀터레스트가 집안 꾸미기에 활용하는 방법 역시 매우 다양합니다.

집안 꾸미기에 대한 영감을 얻기

처음에 집안 꾸미기가 어려운 부분은 기술적인 문제라기보다는 어떻게 꾸며야 할지에 대한 아이디어를 얻는 것입니다. 핀터레스트에는 전세계의 수많은 사람들이 공들여 꾸민 집안을 공개해 놓았습니다. 단순히 집안을 꾸민 결과 사진만이 아니라 아이디어 스케치와 도면부터 중간과정, 페인팅과 마무리에 이르기까지 전 과정에 대해 상세하게 사진으로 설명되어 있습니다.

이런 사진들을 바탕으로 핀터레스트에는 집을 고치거나 인테리어에 대한 아이디어가 무궁무진하게 많아 자신의 집을 꾸미는데 대한 영감을 얻을 수 있습니다. 집안 꾸미기에 대해 직접적인 영감을 얻을 수 있는 카테고리는

- Architecture(건축)
- DIY & Craft(DIY와 공예)
- Gardening(정원 가꾸기)
- Home Decor(집안 장식)

등이며 Design이나 Art도 영감을 얻는 데 도움을 줍니다.

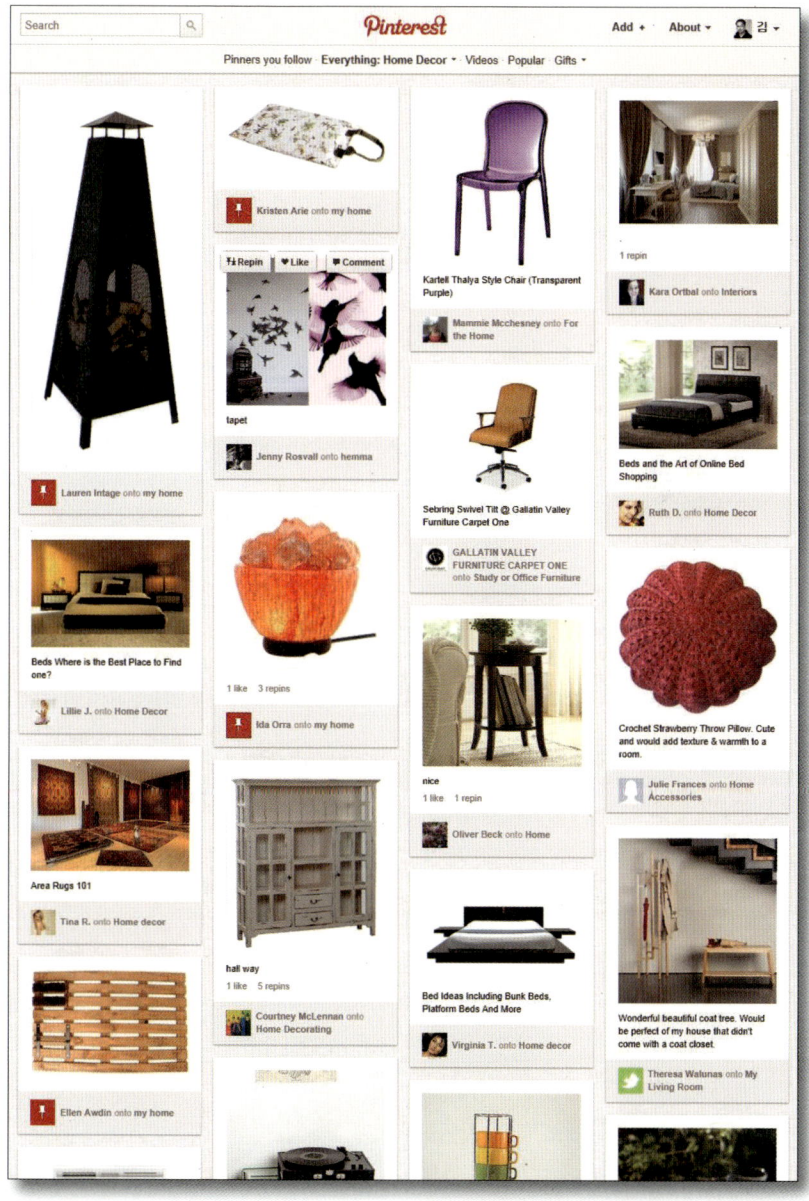

▲ 핀터레스트의 'Home Decor' 카테고리

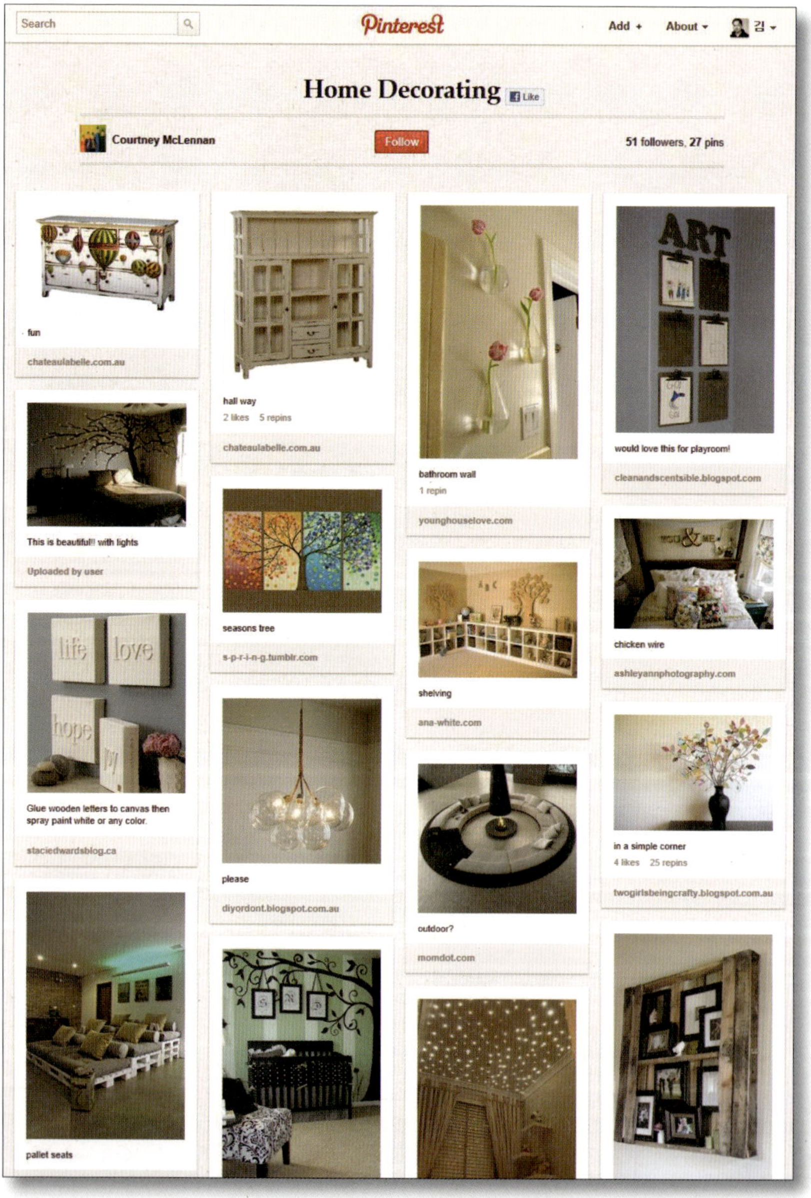

▲ 한 사용자의 집안 꾸미기(Home Decorating)보드

집안 꾸미기 보드 만들기

핀터레스트를 돌아보며 영감을 얻은 후에는 실제적인 작업에 들어가기 위해 보드를 만듭니다. '집 꾸미기 보드'는 일종의 개인 프로젝트로서 '집 꾸미기에 대한 아이디어 보드'부터 '준비해야 할 재료나 공구에 대한 보드', '벽지나 페인트를 위해 샘플을 모아놓는 보드'처럼 실행을 위해 구체적인 내용의 보드를 만들 수 있습니다.

친구들과 전문가의 의견을 물어보기

대부분의 사람들은 집안 꾸미기에 대한 전문가가 아닙니다. 당연히 모르는 것도 많고 어려운 점도 많이 생기게 마련입니다. 핀터레스트는 집안 꾸미기 작업이 어려워졌을 때 이를 해결하기 위해 친구나 전문가의 도움을 구할 수 있습니다.

전체 진행 과정에 대한 기록

많은 사람들이 집안 꾸미기의 결과만을 기대하시만 신성한 즐거움은 과정에 있습니다. 스마트폰을 들고 하루 하루 변화하는 모습을 찍어 핀터레스트 앱을 통해 피닝하면 마지막에는 처음 부터 시작해서 전체적인 진행 과정이 담겨있는 완성된 프로젝트 보드가 만들어집니다.

ⓟ 핀터레스트 팁 : 미국은 인건비가 비싸다 보니 웬만한 집의 수리는 DIY로 해결하는 경우가 많습니다. 한국도 최근 DIY에 대한 인식이 많이 바뀌어서 취미로 집수리나 인테리어를 하는 경우가 많아졌습니다. 핀터레스트를 통해 아이디어나 힌트를 얻으세요.

여행 계획을 위한 핀터레스트 활용

 가장 편리하게 여행을 가는 방법은 여행사의 패키지 여행을 따라가는 것입니다. 패키지 여행을 몇 번 가보면 알겠지만 틀에 박힌 일정 및 강제되는 옵션 관광과 쇼핑으로 인해 여행의 참 맛을 느끼기 어렵습니다.

 진정한 여행의 재미를 알기 위해서는 짜여진 관광 스케줄대로 움직이는 것이 아니라 여행 장소 고유의 문화를 체험하고 느끼는 여행이어야 합니다.

 핀터레스트는 가고 싶은 여행 장소의 선정과 숙박 시설 및 음식점의 선택, 볼거리의 선택 같은 일정 계획부터 여행에서 체험할 수 있는 여러 정보들을 모으고 공유하는데 많은 도움을 줍니다.

핀터레스트로 할 수 있는 것들을 살펴보면

- 여행지 여러 곳의 핀을 비교해 보면서 가고 싶은 여행지 선정
- 호텔, 레스토랑 등 숙박과 관련된 정보 수집
- 대중 교통 관련 정보 및 지도
- 여행지의 문화나 봐야 할 유적지 체크
- 여행지 특산물이나 상점 위치
- 그 지역에 대한 정보 사이트, 블로그 모음
- 여행 중에 찍은 사진 정리 등 입니다.

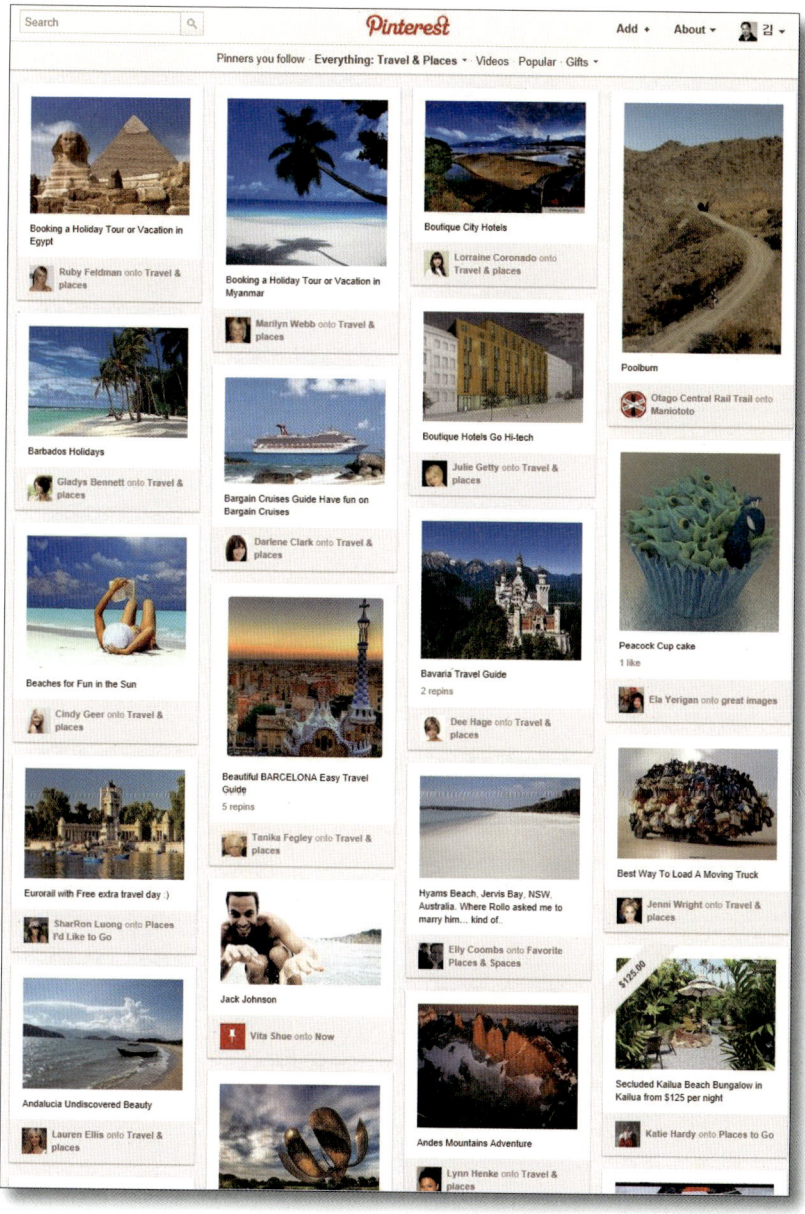

▲ 핀터레스트의 'Travel & Places' 카테고리

8. 핀터레스트 활용하기 | 163

핀터레스트를 북마크 사이트로 활용

인터넷 서핑을 하다가 좋은 사이트나 좋은 정보를 발견했을 때 이들을 저장하는 방법은 여러 가지가 있습니다. 브라우저에 기본 기능으로 있는 즐겨찾기 기능을 이용할 수도 있고 별도의 북마크 사이트를 이용할 수도 있지만 그렇게 사용하다 보면 정리가 안되어 나중에는 뒤죽 박죽되는 경험이 있을 것입니다.

페이스북이나 트위터같은 소셜 서비스를 이용 할 때도 비슷한 문제점이 있습니다. 피드가 쌓이다 보면 자신이 나중에 보려고 올렸던 글의 URL을 다시 찾는 것이 쉬운 일이 아님을 느꼈을 것입니다. 소셜 네트워크 서비스를 북마크로 이용하는데 있어서의 단점은 지나간 피드를 검색하는 것이 매우 불편한 것입니다.

그러나 핀터레스트의 보드에 저장하면 정보나 사이트의 성격에 따라 시각적으로 정리를 할 수 있어 일일이 다시 들어가 보지 않아도 어떤 정보를 즐겨찾기 해놓았는지 한 눈에 알 수 있습니다.

그리고 시간에 따라 흘러가 버리는 구조가 아니기 때문에 곧바로 원하는 정보를 찾을 수 있습니다.

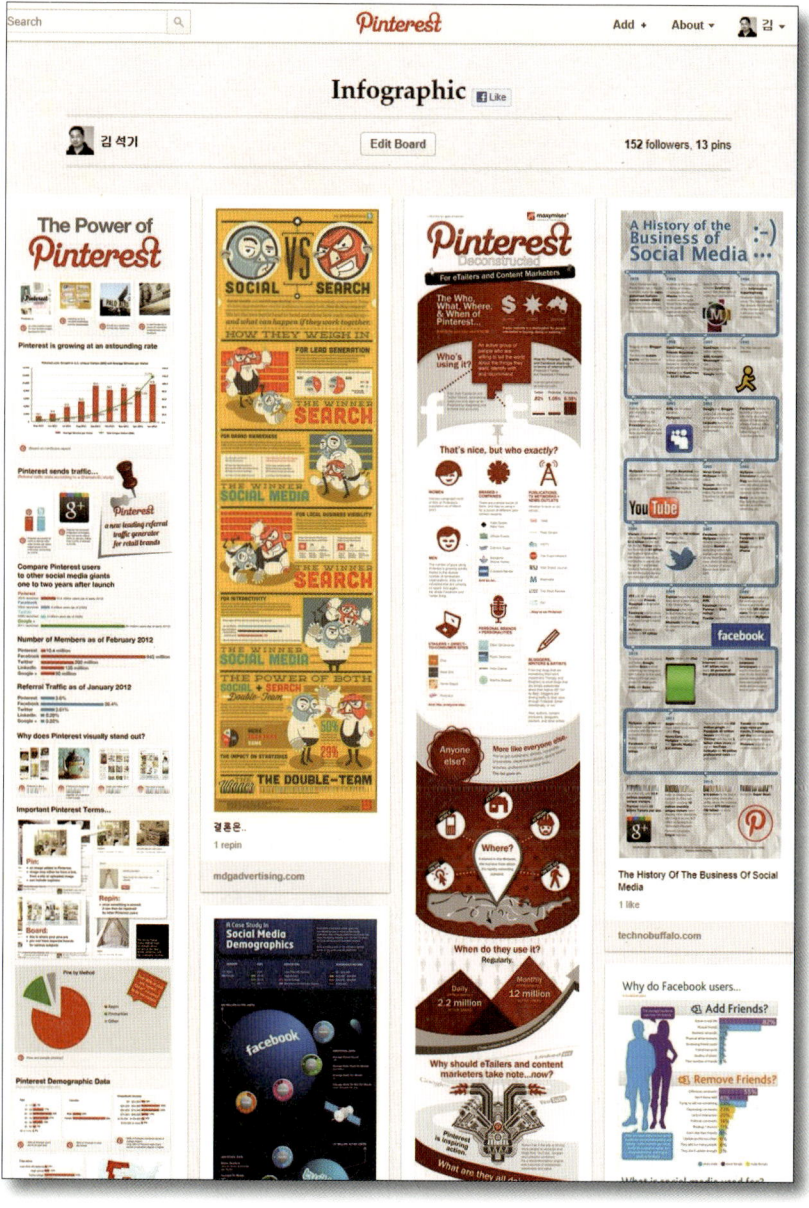

▲ 인포그래픽을 모아놓은 보드

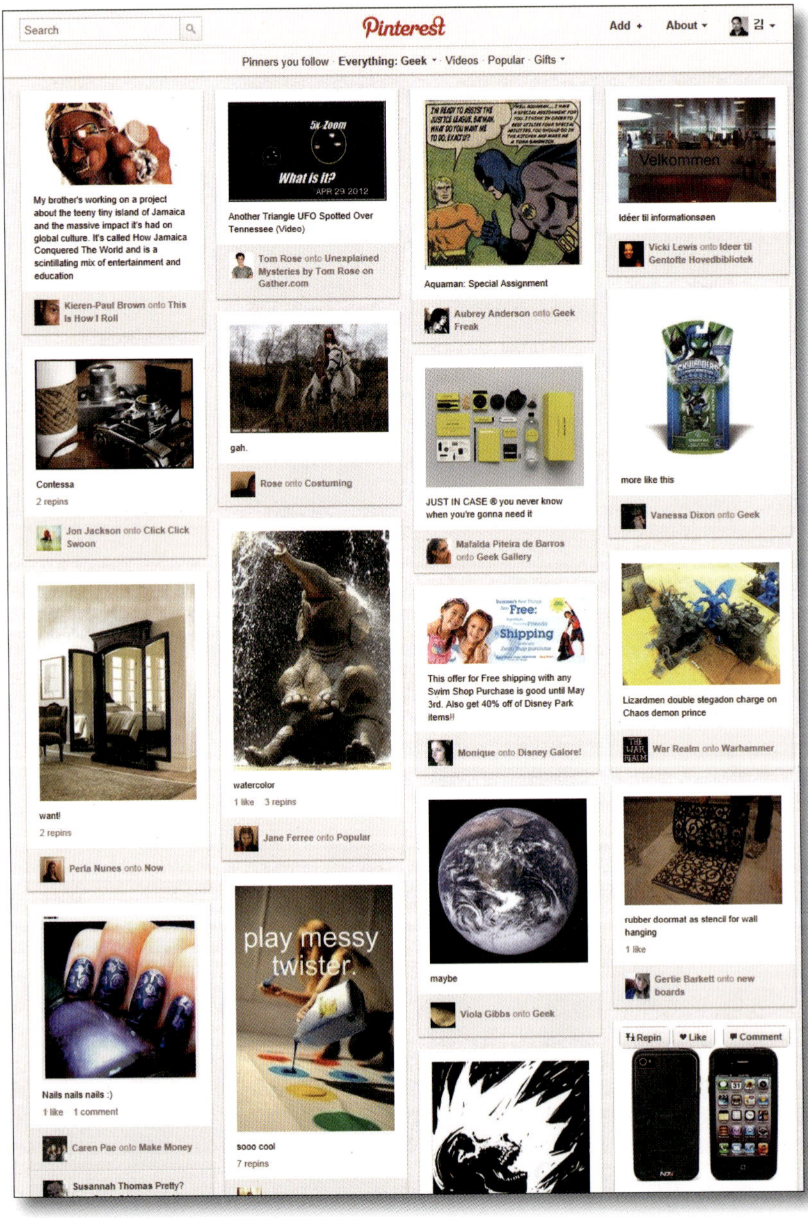

▲ 핀터레스트 'Geek' 카테고리

핀터레스트 팔로우 활용하기

핀터레스트를 더 잘 활용하려면 여러 사람과의 관계를 통한 상호 작용이 있어야 합니다. 개인적인 사용이 아니라 자신의 사이트를 홍보하거나 물건을 파는 일을 하더라도 마찬가지 입니다.

다른 사람과의 관계를 넓히고 관계를 원활하게 유지함으로써 더 많은 사람들을 팔로우로 확보할 수 있으며 더 큰 영향력을 발휘할 수 있습니다.

블로거들 중 영향력이 큰 사람들을 '파워 블로거(Power Blogger)'라 부르는 것처럼 피너들 중에서도 영향력이 큰 피너를 '파워 피너(Power Pinner)'라고 부릅니다.

파워 피너가 되기 위해서는 자기 핀과 보드를 깔끔하게 관리하는 것이 기본입니다. 기본이 잘 갖춘 후에는 전략적으로 팔로우를 늘리기 시작해야 합니다.

기본을 갖춘 후 팔로우 늘리기를 시작하면 기본이 없을 때보다 같은 노력으로 훨씬 큰 성과를 가져올 수 있습니다.

ⓟ 핀터레스트 팁 : 핀터레스트도 SNS이다 보니 팔로우가 많아지면 힘이 납니다. 처음에는 팔로우 늘리기가 쉽지 않겠지만 어느 정도 시간이 지나면 팔로우를 늘리는데 별로 어렵지 않습니다.

꾸준히 피닝하기

팔로우를 늘리는 가장 단순하면서도 확실한 방법은 지속적으로 꾸준하게 피닝을 하는 것입니다. 자신이 직접 올리는 사진이 별로 없다고 해도 괜찮습니다. 리핀을 통해서라도 매일 매일 지속적으로 핀을 늘려 나가면 피닝의 횟수와 비례해서 팔로우가 늘어납니다.

억지로 팔로우를 늘리기 위해 피닝한다 생각하지 말고 피닝 자체를 즐겨 보세요. 피닝에 재미도 붙고 팔로우도 늘어날 것입니다.

꾸준히 피닝하는 한 가지 팁은 핀터레스트를 자주 둘러보는 것입니다. 'Everything'의 여러 카테고리를 가벼운 마음으로 둘러보면서 마음에 드는 사진을 발견 할 때마다 '리핀'하면 됩니다. 리핀 시 자신만의 '코멘트'를 넣으면 더 효과적입니다.

물론 리핀도 좋지만 자신이 직접 찍은(다른 데서는 볼 수 없는)사진을 핀터레스트에서 공개하여 자신만의 갤러리를 만든다면 단순 팔로우가 아니라 팬이 생길지도 모릅니다.^^

'Happy Pinning!' 우리 말로는 '즐핀하세요!'입니다.

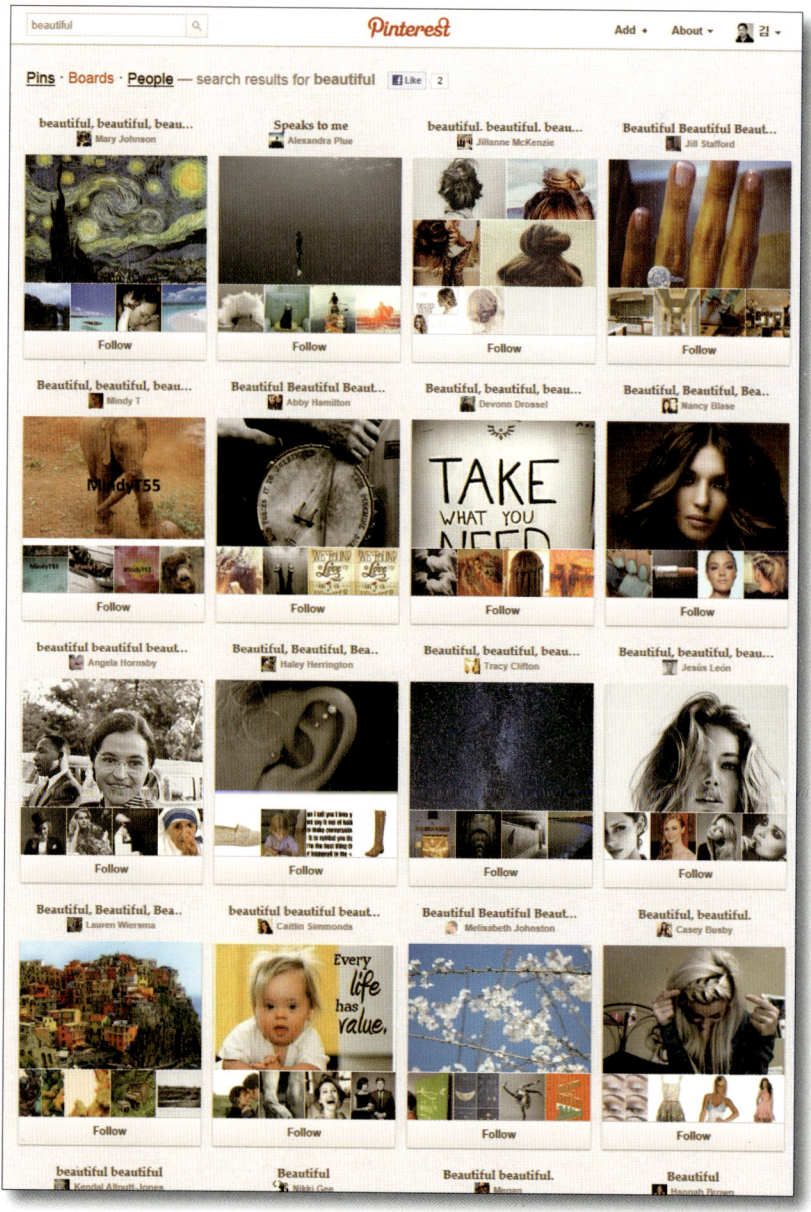

▲ 'Beautiful'로 검색한 보드들

8. 핀터레스트 활용하기

먼저 친구 팔로잉 하기

팔로우 늘리기는 우선 핀터레스트를 사용하는 주변 지인부터 시작합니다. 여기서의 주변 지인 이란 '페이스북'이나 '트위터'에서 연결되어 있는 사람들을 말하는 것으로 이들 중 핀터레스트를 사용하는 사람들을 모두 팔로잉 합니다.

아무래도 기존에 안면이나 관계가 있기에 이들을 팔로잉 하면 대부분 '맞팔'해주기 마련입니다. 연결된 계정의 페이스북 지인들을 초대하는 방법도 있습니다.

자신의 친구들을 최대한 팔로잉 한 후에 친구들을 팔로잉 하고 있는 사람들(친구의 친구들) 역시 팔로잉 합니다.

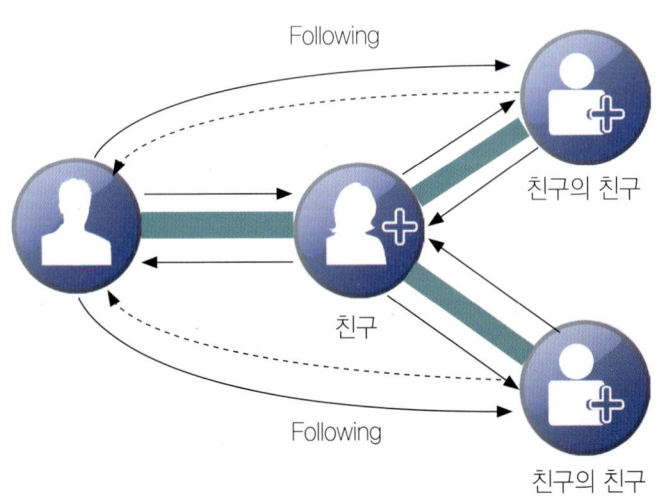

'친구의 친구'를 팔로잉 하기 위해 친구의 보드로 가서 '친구의 친구'들을 보면 동시에 아는 친구들이 많이 보이며 이중 상당수는 이미 팔로잉 중일 것입니다. 이중 필로잉이 안된 사람들을 팔로잉 합니다.

친구의 친구를 팔로잉 하는 방법을 정리하면 아래와 같습니다.

Pin it

01 자신의 보드로 접속합니다. 우측 상단의 '이름'을 클릭하면 아래에 펼쳐지는 '보드(Boards)'를 클릭합니다.

02 자신의 프로필 아래에 있는 '000 followers'를 클릭합니다.

03 자신과 연결된 지인들이 나오면 지인의 이름을 클릭해서 지인의 보드로 이동합니다.

04 지인의 프로필 하단의 '000 followers'를 클릭합니다. 지인을 팔로우 하고 있는 '친구의 친구'들 사진 옆에 있는 [Follow All] 버튼을 클릭합니다.

05 04번을 반복하며 친구의 친구를 모두 팔로잉 하면 다른 친구의 보드로 이동하여 [Follow All] 클릭을 반복합니다.

ⓟ 핀터레스트 팁 : 핀터레스트는 페이스북이나 트위터에 비해 팔로우 늘리기가 더 쉽습니다. 만국 공통어인 사진을 이용하기 때문입니다. 하지만 소통도 없는 팔로우를 많이 늘리는 것은 별 의미가 없으니 오히려 팔로우 관리를 더 신경 쓰기 바랍니다.

다른 사람들과 그룹 보드 활용하기

핀터레스트에서 교류하는 사람들이 늘어나면 그룹 보드를 활용하여 사람들과 아이디어를 공유하거나 공동으로 작업을 할 수 있습니다. 예를 들면 회사에서 친목을 위한 워크샵을 간다고 할 때 장소에 대한 아이디어부터 워크샵에서 팀 빌딩을 위한 아이디어들을 공유하는 용도로 사용할 수 있습니다. 디자인 작업 시 아이디어나 시안을 모아서 볼 수 있으며 댓글을 통해 여러 사람들의 의견이나 평가를 진행할 수 있습니다.

예의 디자인 작업 그룹 보드 만드는 순서는 다음과 같습니다.

Pin it

01 핀터레스트에 로그인합니다.

02 화면 우측 상단의 [Add+] 버튼 클릭

03 [Create a Board] 선택 후 클릭하면 대화상자가 나타납니다.

04 '디자인평가'라는 보드 이름을 입력하고 카테고리를 선택합니다.

05 Who Can Pin? 옆의 'Me+Contributors'를 선택합니다.

06 입력창에 같이 작업하는 사람을 추가하고 [Add] 버튼을 클릭합니다.

07 작업에 필요한 사람들을 모두 추가합니다.

같이 작업하는 사람들을 보드에 추가하려면, 그들의 핀터레스트 프로필을 팔로우 해야 하며 그 사람들 역시 여러분의 핀터레스트 프로필을 팔로우 해야 합니다. 그룹 보드 작업을 시작하기 전에 참여자들과 모두 맞팔을 하기 바랍니다.

▲ 핀터레스트 디자인 보드 검색결과

8. 핀터레스트 활용하기 | 173

해시 태그 활용하기

　해시 태그는 여러 사람들이 함께 핀터레스트를 즐길 수 있도록 도와주는 기능입니다. 어떤 이벤트를 진행 할 때 해시 태그를 붙임으로써 이벤트에 참여하는 모든 사람들에게 메시지를 보낼 수 있습니다.

해시 태그 만드는 법

01 이벤트를 바로 알 수 있는 단어를 하나 선정합니다. 단 다른 사람들이 만든 해시 태그나 일반적인 검색 결과와 겹치지 않도록 독특하게 만듭니다.

02 선정한 단어앞에 해시 태그를 만드는 문자인 샵(#)을 붙입니다.

03 해시 태그는 중간에 띄어쓰기가 있으면 안되며 특수문자도 사용해선 안 됩니다.

04 해시 태그가 만들어진 모습은 '#event'와 같습니다.

05 이벤트에 참가하는 사람들은 댓글을 작성 시 댓글 맨 끝에 해시 태그인 '#event'를 붙입니다.

ⓟ 핀터레스트 팁 : 해시 태그는 독립적이고 유일한(Unique) 태그를 사용해야 다른 사용자들의 해시 태그와 겹치지 않습니다. 예를 들어 '#myWork' 보다는 '#myWork2012'나 '#myWorkSF'처럼 연도나 지명을 붙이는 것이 좋습니다.

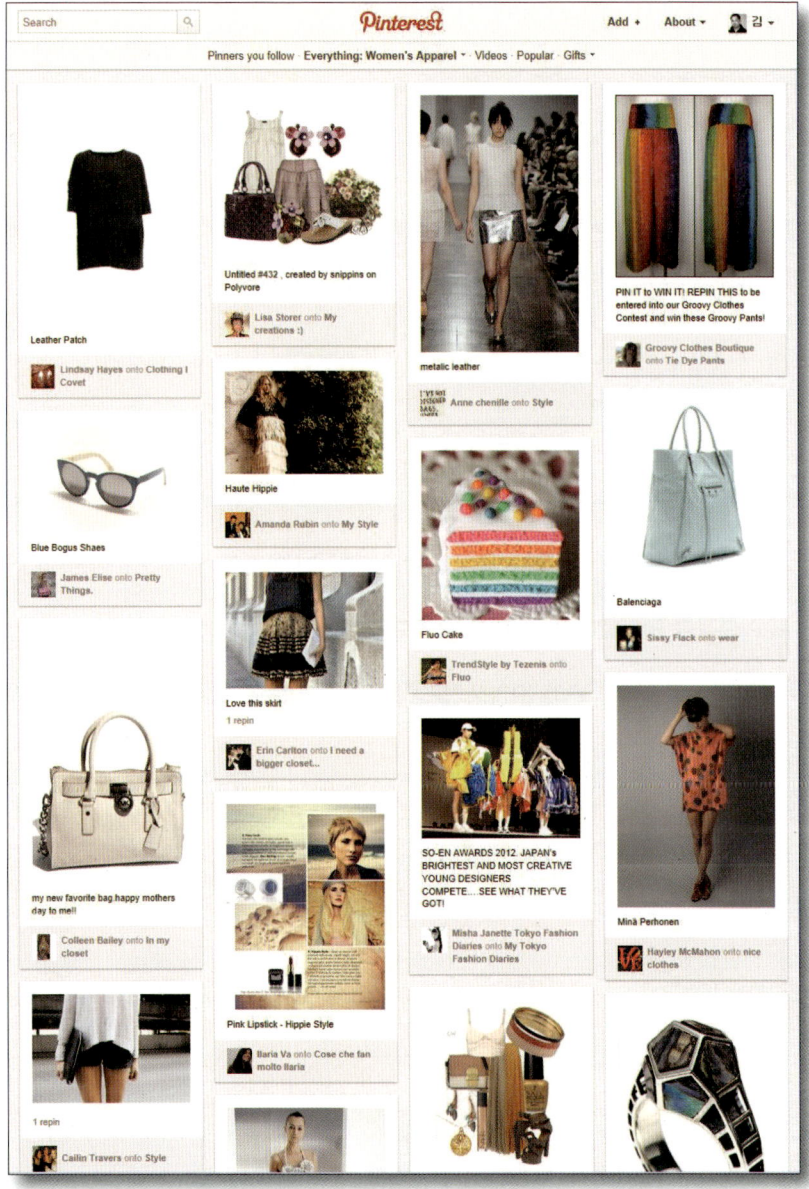

▲ 'Women's Apparel' 카테고리

8. 핀터레스트 활용하기

하이 퀄리티 피닝하기

핀터레스트는 '사진'을 다루는 SNS입니다. 나의 보드가 멋진 사진으로 가득 차 있어야 사람들이 관심을 가질 것입니다.

따라서 내가 찍은 사진만 아니라 다른 사람들이 올린 핀을 리핀할 때 높은 퀄리티의 사진을 선택합니다.

높은 퀄리티라 함은 사진의 물리적인 해상도가 높은 사진일 뿐 아니라 구도나 컬러 등 사진을 구성하는 요소들의 수준이 높은 사진을 말합니다. 한마디로 예쁘고 개성있는 사진을 고르세요.

핀터레스트에 있는 사진의 80% 이상은 다른 사람들이 피닝한 사진을 다시 리핀한 사진입니다. 좋은 퀄리티의 사진을 리핀하는 것만으로도 하이 퀄리티의 사진들을 모아서 보여 줄 수 있습니다.

핀 또는 리핀 시에 사진의 퀄리티를 높여주는 또 한 가지 방법은 사진에 대한 정확한 정보와 감상을 적는 것입니다. 자신이 피닝한 사진이 예쁜 카페라면 카페의 위치나 메뉴 같은 정보를 적어 줄 수 있으며, 물건 역시 마찬가지로 정확한 정보를 제공함으로써 자신이 올린 핀에 대한 정보적인 측면에서의 퀄리티를 높일 수 있습니다.

리핀 역시 마찬가지로 리핀 시 자신의 느낌이나 사진에 대한 평을 잘 적어 큐레이터로서의 가치를 높일 수 있습니다. 멋진 사진을 찍고 멋진 사진을 선택하세요.

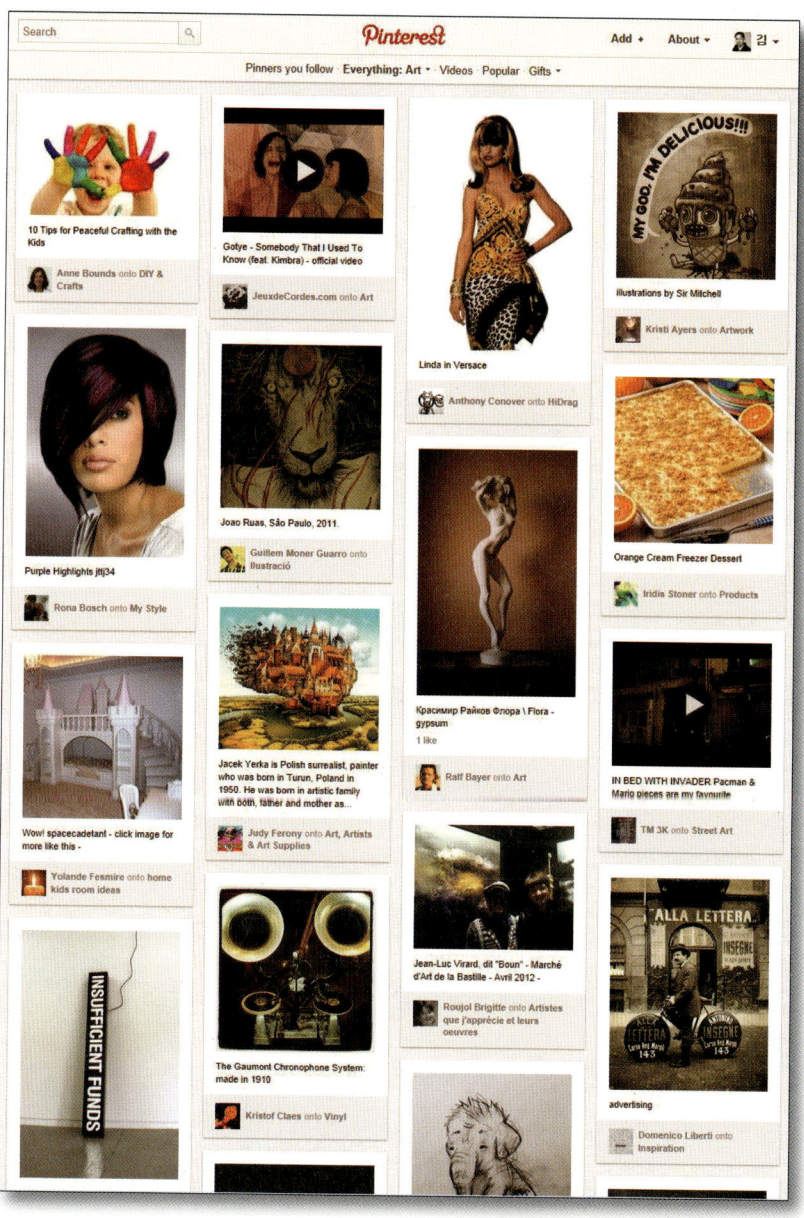

▲ 'People' 카테고리

사이트(블로그)에 팔로우 버튼 달기

핀터레스트 팔로우(Follow)버튼을 자신의 블로그나 사이트에 달 수 있습니다. 이 버튼을 달면 자신의 블로그에 방문한 사람이 버튼을 클릭 할 경우 팔로우를 늘릴 수 있습니다.

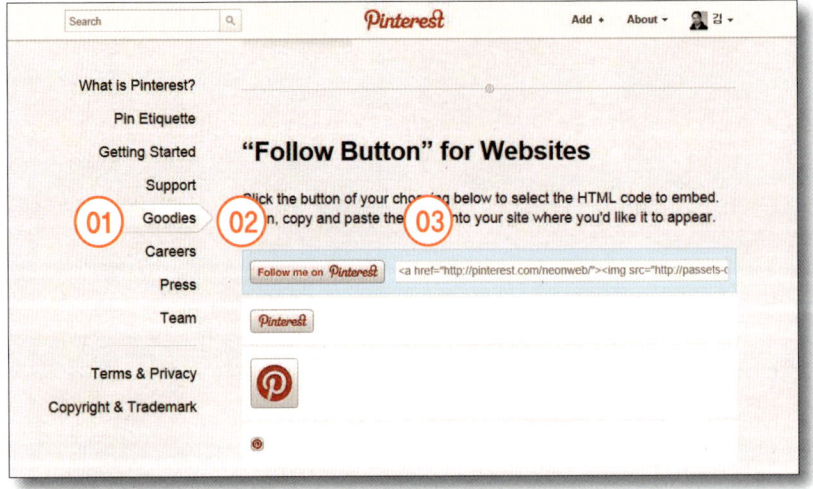

01 http://pinterest.com/about/goodies에 접속합니다.

02 4가지 버튼 중 한 가지를 선택하여 클릭하면 해당 HTML 코드가 파란색으로 선택됩니다.

03 선택된 코드를 [Ctrl+C]해서 복사합니다.

04 이 코드를 자신의 블로그 사이드 바나 콘텐츠 안에 넣으면 팔로우 버튼을 사용할 수 있습니다.

▲ '블로그의 사이드 바에 팔로우 버튼을 적용한 모습

ⓟ 핀터레스트 팁 : 블로그에는 팔로우 버튼 이외에 핀잇버튼도 달 수 있습니다. 블로그나 사이트에 핀잇버튼을 달면 다른 사용자가 방문하여 내 사이트의 사진을 쉽게 리핀하도록 도와주는 역할을 하게 됩니다.

9. 핀터레스트 마케팅

핀터레스트 사용자들과 서비스의 특성 및 시각적인 특성을 이용한 핀터레스트 마케팅에 대해 알아봅니다.

9 핀터레스트 마케팅

빠르게 성장하고 있는 핀터레스트에 대한 통계를 통해 어떤 사람들이 사용하는지 알아 봅니다.

이 장의 주요 내용

핀터레스트의 영향력

핀터레스트의 폭풍 성장세

최고 수준의 사용 시간

트위터와 대등한 레퍼럴 트래픽의 영향력

핀터레스트 이용자 특성

핀터레스트 전략

핀터레스트 기업브랜딩 사례

핀터레스트 프로모션 사례

서비스적인 특성

핀터레스트에서 얻는 정보는 상품의 디자인과 스타일을 기반으로 하는 시각적인 정보들입니다. 노트북이나 카메라 같은 성능 위주의 제품들은 스펙을 검색하고 비교해서 구입하지만 커튼이나 벽지, 책상, 소파와 같은 전자 제품 이외의 제품들은 대부분 디자인이 가장 중요한 선택 요인 입니다.

그런 면에서 핀터레스트는 마케팅적으로 매우 강력한 영향력을 가진 서비스입니다. 핀터레스트를 이용해 자신이 팔고 있는 물건을 팔 수 있는 힘은 트위터나 페이스 북 보다 훨씬 더 강합니다.

여러분들이 패션 관련제품이나 디자인 관련 제품들을 판매하는 소호 몰을 운영한다면 핀터레스트를 이용하여 상품을 소개하고 여러 사람들에게 알릴 수 있으며 핀터레스트 핀 내에 있는 연결 주소를 통해 사용자들을 자신의 홈 페이지로 불러 모을 수 있습니다.

소호 몰이 아니더라도 자신의 회사에 대한 브랜딩이나 프로모션도 핀터레스트를 통해 진행하게 되면 페이스북이나 트위터에 맞먹는 효과를 가져올 것입니다. 이런 이유들로 인해 핀터레스트는 가장 마케팅에 적합한 플랫폼으로 성장하고 있습니다. 핀터레스트가 마케팅 측면에서의 특성과 이용자의 특성을 알아보도록 하겠습니다.

핀터레스트의 폭풍 성장세

미국 시장 조사업체인 익스피리언에 따르면 2012년 3월 한 달간 핀터레스트를 방문한 방문자수가 1억 441만명으로 페이스북과 트위터에 이어 3위를 차지했다고 발표했습니다. 특히 주목할만한 사실은 3월 방문자수가 전달인 2월에 비해 한 달 동안 50% 증가하였다는 사실입니다

핀터레스트의 성장세는 한마디로 놀랍습니다. 특히 2012년에 들어서 매월 수 천만 명의 사용자가 늘어나고 있습니다. 2011년 8월과 6개월 후인 2012년 2월을 비교해 보면 미국 내 월 방문자수가 15배를 넘습니다.

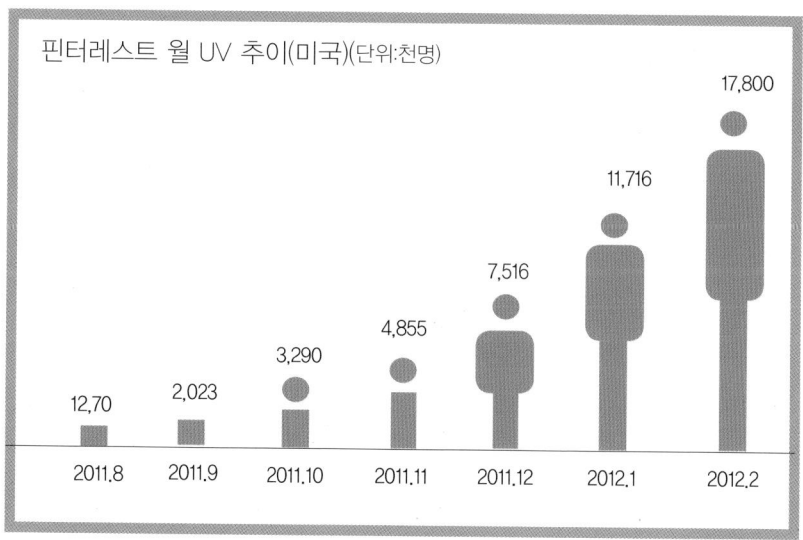

▲ 핀터레스트 성장세. (출처 : comScore 2012.3)

최고 수준의 사용시간

핀터레스트가 폭풍 성장을 하는 부분은 단순 회원 수나 사용 시간 만이 늘고 있는 것이 아닙니다.(구글+의 경우 구글이라는 배경을 업고 단기간에 9,000만명의 회원을 확보했지만 평균 사용시간이 핀터레스트의 1/30 수준입니다.)

2011년 12월의 SNS 하루 평균 사용시간은 페이스북이 408분으로 가장 막대한 사용성을 보여주고 있으며 공동 2위가 핀터레스트와 텀블러가 89분, 4위가 트위터로 21분이며 링크딘이 17분, 한때 페이스북보다 위에 있었던 마이스페이스가 8분, 구글플러스가 구글의 지원에도 불구하고 3분의 사용 시간을 기록하고 있습니다.

핀터레스트의 하루 평균 사용시간은 트위터, 링크딘, 마이스페이스, 구글+를 모두 합한 것보다 많습니다.

런칭 후 1~2년 사이의 회원 증가추세를 보면 핀터레스트의 경우 1,040만명, 페이스북 600만명, 트위터 300만명으로 페이스북이나 트위터에 비해 빠른 성장을 보여주고 있습니다. 물론 페이스북이 런칭한 2004년과 트위터가 런칭한 2006년의 숫치를 핀터레스트가 런칭한 2010년과 곧이 곧대로 비교하기는 어렵습니다. SNS에 대한 인식 및 사용성 그리고 인프라가 많이 다르기 때문입니다. 그런 것들을 감안한다하더라도 핀터레스트가 초고속 성장을 하고 있는 것은 분명한 사실입니다.

▲ SNS 평균 사용시간 (데이터 출처 : comScore 2012.1)

트위터와 대등한 리퍼럴 트래픽의 영향력

실질적으로 핀터레스트가 메이저 서비스로서 영향력을 가지는 이유는 리퍼럴 트래픽(Referral Traffic)의 증가가 엄청나다고 할 수 있습니다. 리퍼럴 트래픽을 간단히 설명하면 '링크를 통해 해당 사이트로 방문하게 하는 트래픽'입니다. 예를 들면 네이버 뉴스 캐스트를 통해 각 언론사로 넘어가게 되는데 이 때 네이버에서 언론사 사이트로 넘어가는 트래픽을 말합니다.

2012년 1월 기준으로 리퍼럴 트래픽 1위는 역시 페이스북으로 26.4%를 기록했습니다. 2위가 트위터로서 3.61% 그리고 3위가 간발의 차인 3.6%로 0.01% 뒤진 핀터레스트가 차지했습니다. 링크딘이 0.2%, 구글+가 0.22% 인것을 생각해 보면 3.6%가 얼마나 높은 수치인지 알 수 있습니다.

핀터레스트의 회원수가 트위터의 1/20 수준임에도 불구하고 트위터와 소셜마케팅적인 측면에서 거의 대등한 영향력을 가지고 있다고 볼 수 있습니다.

핀터레스트는 마케팅 시 직접 실제 제품을 보여주기 때문에 텍스트로 사용자를 유인하여 판매사이트에 가서야 제품을 보여 줄 수 있는 트의터나 페이스북 마케팅과 비교 시 단계가 짧은 것이 장점입니다.

ⓟ핀터레스트 팁 : 핀터레스트의 영향력은 트위터와 대등한 수준이며 시각적이라는 측면에서 볼 때 트위터보다 더 강력한 SNS라고 볼 수도 있습니다.

▲ 회원수와 Referral Traffic (데이터 출처 : comScore 2012.1)

핀 출처

핀터레스트에 올라오는 핀의 출처 중 59.05%는 사용자가 직접 올린 사진들입니다. 나머지 40%정도를 구글 이미지 검색 및 다른 사이트에서 퍼온 사진들인데 생각보다 훨씬 많은 사람들이 펌질 대신 자신의 사진을 직접 올리는 것을 알 수 있습니다.

재미있는 사실 중 하나는 직접 올리는 사진을 제외하고 퍼오는 사진 중 가장 비율이 높은 사이트가 구글이 아니라 Esty라는 것입니다. esty.com 은 핸드 메이드 용품 쇼핑몰, 액세서리, 잡화, 유아용품, 쥬얼리 등을 판

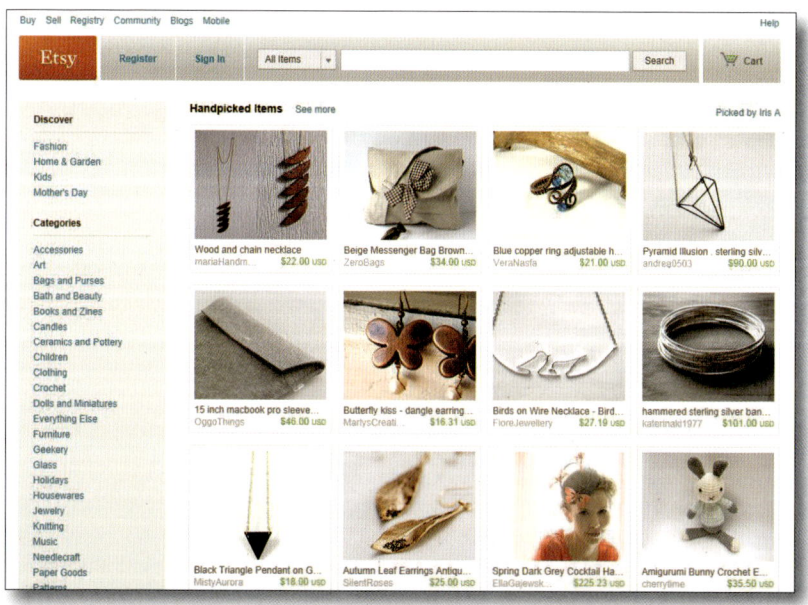

▲ 가장 많이 사진을 올리는 사이트 Esty.com

매하는 쇼핑몰 사이트인데 구글 보다 여기서 많이 사진이 올라 온다는 것은 이 사이트가 얼마나 효과적으로 핀터레스트를 이용하고 있는 지를 잘 보여주는 사례라 할 수 있습니다. 이 사이트의 소스 비중은 9.36%로 구글 8.25%보다 앞서 있으며 텀블러 5.88% 나 플릭커 4.51%에 비하면 거의 두배 정도입니다.

여성의류 사이트인 Polyvore 역시 주목 할 만 합니다. 4.51%인 이 사이트는 텀블러보다는 뒤쳐지지만 플릭커보다 앞서 있습니다.

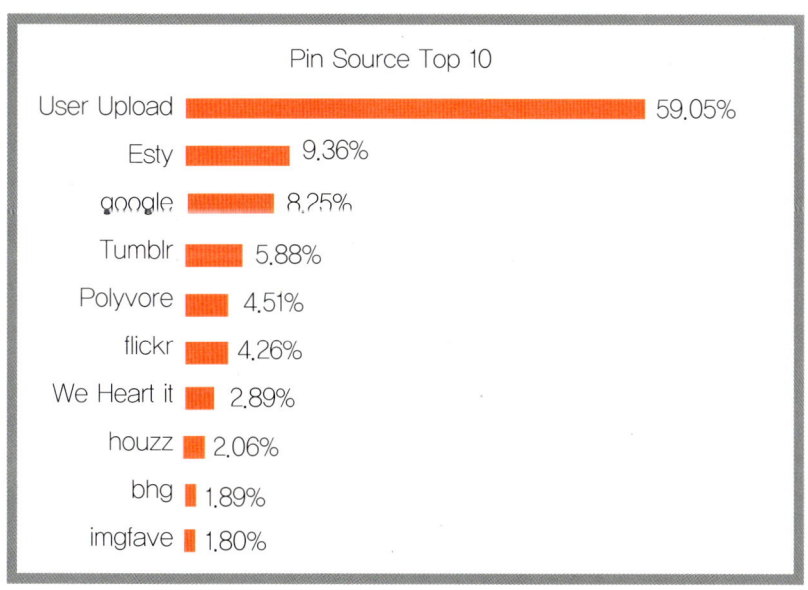

▲ 데이터출처 : A Review of Social Media's Newest Sweethear (Engauge 2012.2)

가장 인기있는 보드들

핀터레스트에는 32개의 카테고리가 있습니다. 그리고 각 카테고리에는 해당 주제와 관련된 수 천, 수 만 개의 보드가 존재합니다. 그 많은 보드들 중에 가장 인기 있는 보드는 어떤 보드들 일까요. 예상대로 패션이 가장 높은 순위를 차지 하고 비슷한 주제인 4위의 옷(Clothes)까지 합치면 부동의 1위가 됩니다. 2위는 디저트(2.76%), 3위 비행기(Plain), 4위 옷(Clothes), 5위 생일(Birthday), 6위 영감을 주는(Inspirational), 7위 가치(Wotrh), 8위 재미있는 사진(Funnies), 9위 귀여운(Cute), 10위 바닷가(Besch)입니다. 순위권 밖에 있는 보드로는 아이(Kid), 로맨스, 엔터테이닝, 발렌타인, Cozy, Gadgets, Sayings, Vintage가 있습니다.

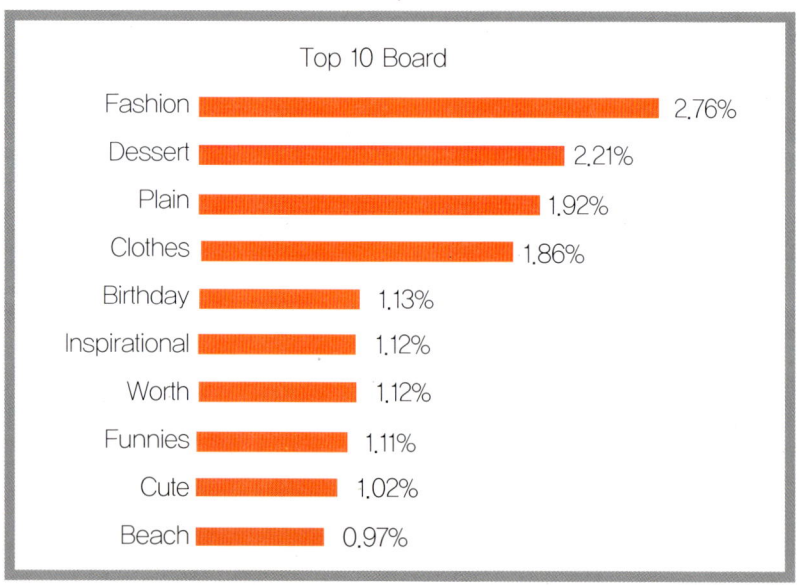

▲ 데이터출처 : A Review of Social Media's Newest Sweethear (Engauge 2012.2)

▲ 가장 인기있는 보드인 패션 보드들

9. 핀터레스트 마케팅

사용자 특성

핀터레스트는 페이스북과 같은 '소셜'서비스입니다. 소셜 서비스는 지난 10여년 간 꾸준하게 성장해 왔으며 페이스북은 8억 명이 넘는 회원을 가진 거대 서비스가 되었습니다. 트위터 역시 2억 명의 사용자를 가진 큰 서비스인데 이들 두 소셜 서비스의 그늘이 크다 보니 일반적인 소셜 서비스는 눈에 띄는 성장을 보여주기 매우 어려운 상태가 되었습니다.

일반적인 SNS가 한계에 들어서자 새로운 소셜 서비스 경향이 나타납니다. 특정한 주제를 중심으로 관계를 형성해 나가는 이른바 '버티컬 SNS'가 등장한 것입니다.

위치 중심으로 관계를 형성하는 포스퀘어(FourSquare), 위치에 대한 SNS이지만 그 중 맛집에 대한 정보가 주제인 옐프(Yelp), 사진이 아니라 비디오에 대한 화제를 다루는 겟글루(GetGlue), 사진을 공유하면서 이야기를 나누는 인스타그램(Instagram)과 핀터레스트 등이 이러한 경향을 대변하고 있습니다.

트위터나 페이스북이(사진을 다루기는 하지만) 글자(Text) 중심의 커뮤니케이션으로 활동을 하면서 세력을 확장해 나갔다고 한다면, 핀터레스트는 글자가 아닌 사진을 중심으로 SNS를 구성해 나갔습니다.

남녀 사용자 비율

핀터레스트의 사용자들은 일반적인 SNS와 다른 특성을 보여주고 있습니다. 사용자 성비가 많은 차이를 보이는데 핀터레스트를 사용하는 사용자의 80%는 여성 사용자 입니다.

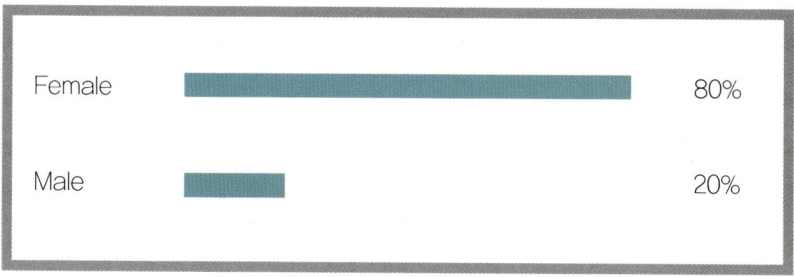

▲ 핀터레스트 사용자 남녀 비율 (데이터출처 : comScore 2012.1)

이 자료는 미국 사용자의 성비를 나타내고 있으며 미국 이외의 지역에서는 오히려 남성 사용자의 비율이 더 높습니다. 구글 애드 플래너의 자료에 따르면 일본은 오히려 사용자의 79%가 남성이며 프랑스는 74%, 영국은 54%가 남자라고 합니다. 현재까지는 워낙 미국 사용자 수가 많아 전채적으로 여성 사용자 숫자가 많기는 하지만 전세계로 사용자가 확대 될수록 남녀성비는 일정한 비율로 수렴해 나갈 것입니다.

핀터레스트가 대단한 점은 구글+의 사용자와 같이 얼리 어댑터나 공대 출신의 남자들이 아닌 여성들이나 일반적인 사용자들을 수용한 서비스라는 점입니다.

사용자 연령층

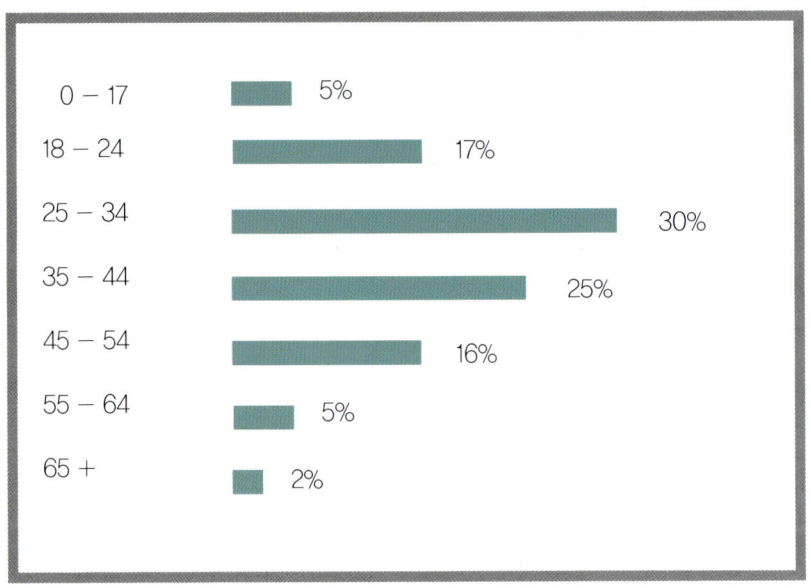

▲ 핀터레스트 사용자 연령(미국) (데이터 출처 : comScore 2012.1)

 핀터레스트를 가장 많이 사용하는 연령대는 사용자의 연령층(미국)은 전체의 1/3 가량인 30%가 25세에서 34세이며, 35세에서 44세가 25%로 25세에서 44세 연령층이 전체 사용자의 절반을 넘습니다. 24세 이하의 연령에서도 전체의 22%를 차지하여 전반적으로 사용자의 연령대가 매우 젊습니다. 미국 이외의 지역 통계가 아직 없지만 아마도 미국 이외의 지역은 미국보다 더 연령대가 낮을 것으로 예상됩니다.

사용자 교육 수준

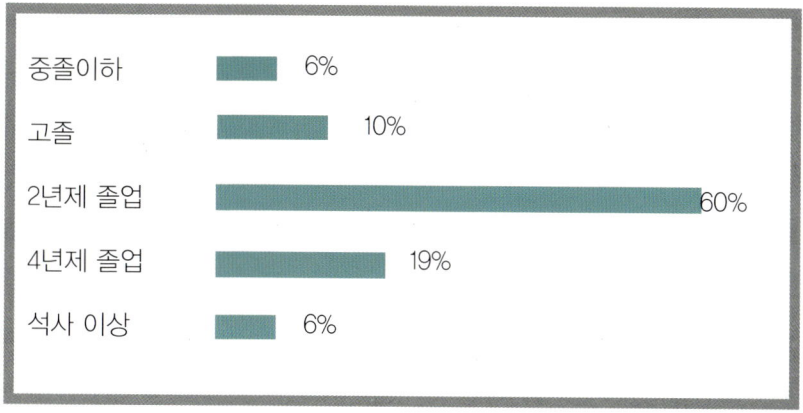

▲ 핀터레스트 사용자 교육 수준 (미국) (데이터 출처 : comScore 2012.1)

사용자의 교육수준은 전체 사용자의 94%가 고등학교 졸업 이상의 학력수준을 가지고 있으며(미국기준) 2년제 이상의 대학졸업자의 비율 역시 84%로 전반적인 학력 수준이 높은 편입니다.

ⓟ핀터레스트 팁 : 핀터레스트의 사용자 교육 및 소비 수준은 어떤 SNS보다 높은 것으로 나타나 있습니다. 구매력이 큰 소비자들이 있는 잠재력이 큰 서비스 입니다.

사용자 연간 가구 소득 분포

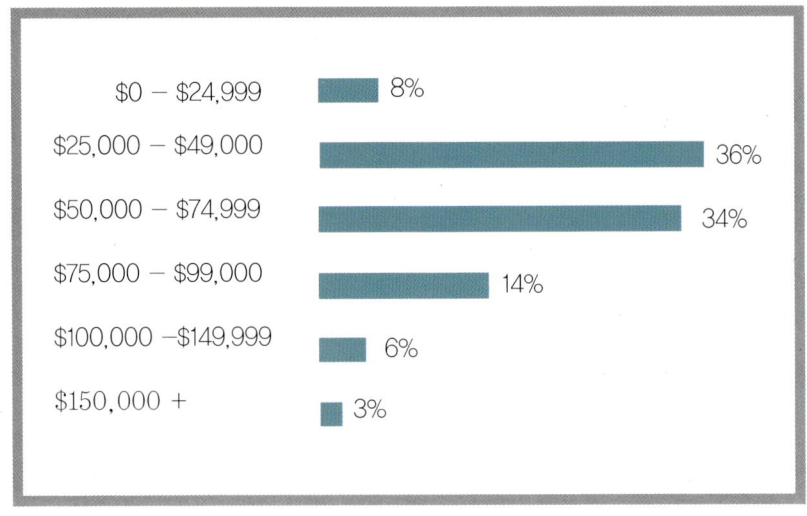

▲ 핀터레스트 사용자 연간 가구 소득(Household Income) 분포 (데이터 출처 : comScore 2012.1)

　핀터레스트 사용자 중 92% 사용자의 가구수입이 연간 $25,000 달러 (약 3,000만원)을 넘습니다. 미국 기준이기는 하지만 전반적으로 높은 수입을 가지고 있는 사용자가 핀터레스트를 이용하고 있는 경향을 보여주고 있습니다. 소득 수준이 높다보니 전반적으로 소비 지향적인 카테고리들이 많이 활성화되어 있습니다. 영국의 경우 미국보다 연간 가구 소득의 분포가 더 고소득층에 집중되어 있습니다.

▲ 'People' 카테고리

사용자의 인구 통계학적인 특성

인구통계학적인 측면에서 종합해 본다면 핀터레스트의 주 사용계층은 '20~30대 결혼을 전후한 고학력의 여성'입니다. 이들은 결혼을 전후한 여러 가지 준비를 위한 정보를 핀터레스트에서 얻고 있습니다.

핀터레스트에서 자신들의 서비스를 설명하면서 핀터레스트로 무엇을 할 수 있는지에 대한 예를 든 다섯 가지 중 하나가 '결혼 준비(Plan a Wedding)'입니다. 결혼 준비에 들어가는 여러 가지 것들을 대부분 여성들이 챙긴다는 것을 생각해 보면 왜 핀터레스트가 결혼을 앞둔 여성들에게 많이 사용되는 지 알 수 있습니다.

결혼 준비에는 웨딩드레스의 선택 부터 머리스타일, 신발, 장신구 뿐 아니라 결혼식장의 꽃 장식과 테이블 장식, 웨딩 케익, 웨딩 카의 장식 같은 결혼 당일의 준비 외에도 신혼여행에 대한 정보 등 많은 준비와 정보가 필요한데 웨딩에 관한 가장 트랜디한 상품을 사진으로 비교하면서 볼 수 있는 서비스가 바로 핀터레스트입니다.

결혼이 끝난 후에는 새로 시작하는 신접살림에 대한 정보 역시 핀터레스트에서 얻습니다. 벽지부터 카페트, 전등이나 침대, 소파같은 가구들, 접시와 찻잔처럼 집안 살림을 하는데 필요한 정보를 핀터레스트에서 찾는 것입니다.

인생에서 단기간에 가장 많은 소비를 하는 시점이 바로 결혼을 앞둔 시점 부터입니다. 결혼 식장에서의 소비 뿐 아니라 결혼식 이후 새롭게 가정이 시작되기 위해서는 생활에 필요한 모든 물건들을 새로 구입해야 하기 때문입니다.

  물론 패션에 관심 있는 남자들 역시 자신의 시계나 구두, 옷, 액서서리를 핀터레스트에서 사진으로 보고는 하지만 패션에 관한 한 남자보다 여자들에게 훨씬 많은 아이템과 선택이 있으며 여성들이 훨씬 다양하고 많은 패션 소비를 한다는 것을 상기해 본다면 여성 사용자가 80%인 것이 이해가 될 것입니다.

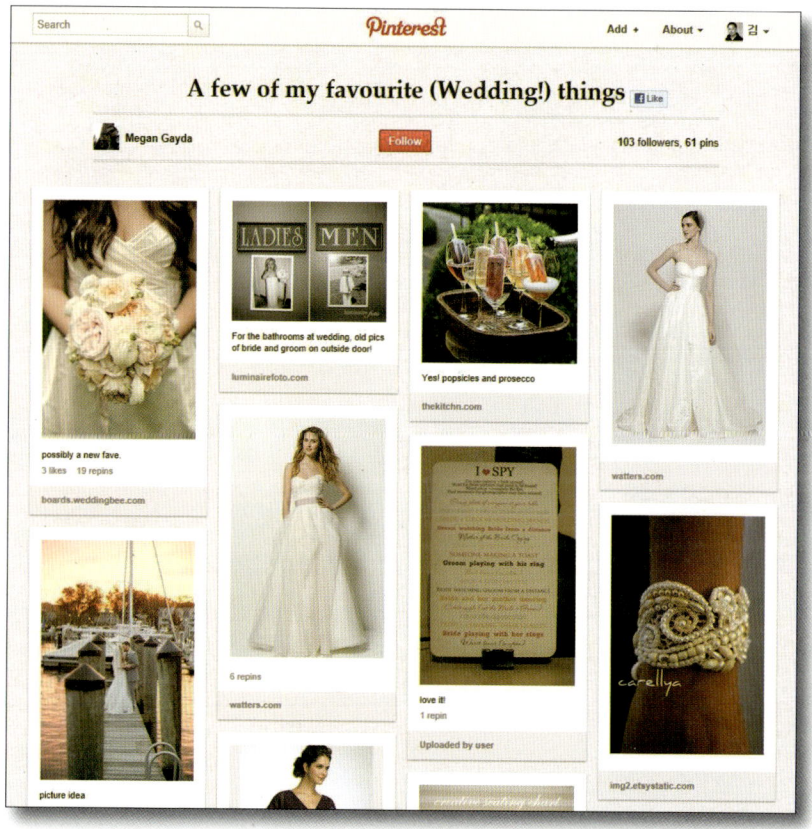

▲ 한 핀터레스트 사용자의 결혼 보드

마케팅적인 특성

핀터레스트를 이용한 마케팅은 페이스북이나 트위터와 같은 다른 SNS와는 확실히 구별되는 차별점이 존재합니다. 시각적인 방법을 통한 커뮤니케이션이라는 장점을 이용해 제품을 직접 고객에게 보여 준다는 점입니다. 이 기능은 생각보다 훨씬 강력한 힘을 가지고 있습니다. 고객이 핀터레스트에서 보게 된 제품의 사진이 마음에 들 경우 그 순간 구입 할지 말지에 대한 결정의 50%는 내려집니다. 트위터에서 같은 일이 일어나려면 무작위로 뿌린 광고 문구에 고객이 이끌려 자사의 사이트에 방문해서 제품의 사진을 봐야 하는데, 몇 %의 고객이 제품 사진을 보기 위해 사이트로 이동할지 알 수 없습니다. 경험적으로 보았을 때 텍스트 메시지를 보고 사이트로 이동하는 경우는 '폭탄 세일'이라는 문구 외에는 거의 없을 것입니다. 이러한 이유로 페이스북과 트위터를 마케팅에 이용하는 것은 기본적으로 '기업 홍보'에 촛점이 맞추어져 있습니다. 페이스북을 통해 많은 사람들에게 회사를 알리고 프로모션을 진행하면서 잠재적인 고객을 확보하는 활동입니다. 더러는 SNS를 고객들과 손쉽게 접촉할 수 있는 CS(고객 만족) 채널로 이용하는 경우도 있습니다.

핀터레스트 마케팅은 이러한 모든 기능을 수행하면서도 핀이 포함하고 있는 원래 주소의 링크를 통해 직접적인 매출로 연결시킬 수 있다는 점이 다른 SNS와의 차별점이자 핀터레스트만이 가진 매력입니다. 미국에서 진행되었던 프로모션들의 사례를 봐도 현재까지 거의 공짜나 다름없는 비용을 들여 핀터레스트를 통해 전 세계에 홍보하고 있는 회사가 많이 있습니다. 물론 현재는 핀터레스트가 활성화되고 있는 초창기이다 보니 약간의 투자만으로도 투자 이상으로 많은 성과를 거두고 있는 것도 사실입니다.

핀터레스트 마케팅 전략 수립시 고려 사항

핀터레스트 활용을 위한 마케팅을 전략을 세우기 위해 가장 먼저 고려해야 할 사항은 해당 기업의 제품이나 서비스인 상품이 핀터레스트의 특성을 잘 이용할 수 있는 제품인가가 고려되어야 합니다.

핀터레스트의 특성에 잘 맞는 상품인가

핀터레스트의 특성은 시각적인 사진을 통하여 커뮤니케이션 하는 특징이 있습니다. 시각적이지 않은 상품의 경우 핀터레스트에서 마케팅을 하는 것이 별 의미가 없을 수 있습니다.

명확한 마케팅 목적이 무엇인가

대부분의 회사들이 SNS마케팅을 시작하는 이유가 '경쟁사에서 시작했으니까' 또는 '남들이 다하니까' 같은 경우가 많습니다. 명확한 마케팅 목적을 찾아서 목표를 수립하고 시작해도 늦지 않습니다. 핀터레스트를 통해 얻고자 하는 목표와 가치가 명확 할수록 성공 할 확률이 높아집니다.

기존 고객접점 및 다른 소셜미디어 연계

미디어 믹스는 핀터레스트도 예외가 아닙니다. 기존 브랜드 커뮤니케이션 채널과의 연계 방안을 통해 시너지를 키워나가야 합니다. 많은 기업들이 핀터레스트와 다른 서비스를 연계하여 프로모션을 진행합니다.

핀터레스트 마케팅 전략 수립 포인트

　핀터레스트 활용을 위한 마케팅을 전략은 기본적으로 제품 관련 콘텐츠 (사진 및 동영상) 측면과 마케팅적인 측면 그리고 소셜 미디어로서의 세 가지 측면에서 고려되어야 합니다.

콘텐츠적인 측면

핀터레스트의 특성에 맞는 상품은 반드시 제품에 국한되지는 않습니다. 예를 들어 카페나 레스토랑 같은 업종의 경우 그곳에서 파는 음식이나 음료의 사진 뿐 아니라 그 장소의 인테리어나 관련 사진들을 콘텐츠로서 이용할 수 있으며 서비스를 하는 모습을 찍은 사진이나 프로모션 사진처럼 이미지화 할 수 있는 모든 콘텐츠를 고려해야 합니다. 콘텐츠의 퀄리티를 높이기 위한 전략이 중요합니다.

마케팅적인 측면

핀터레스트 자체적인 기능 및 검색 엔진의 활용 등을 통한 고객 세그멘테이션, 신규 고객 획득 및 브랜드 커뮤니케이션과 메세지를 전달하는 기업 홍보 차원의 활동을 통해 기업 브랜드 이미지 강화를 주 포인트로 고려할 수 있습니다. 뿐만 아니라 직접적인 판매 채널과 다이렉트로 연결되어 판매 촉진 및 신규 고객의 확보와 기존고객의 유지 및 재 구매를 유도할 수 있습니다.

소셜 미디어적인 측면

핀터레스트의 주요 기능인 고객과의 커뮤니케이션을 활성화하기 위해서는 일방적인 콘텐츠의 전달만으로는 어렵습니다. 그들과 소통하며 사용자들의 커뮤니티에 참가하고, 소셜 미디어로서의 핀터레스트를 통해 콘텐츠의 확산과 제품 관련 바이럴을 전개할 수 있습니다. 바이럴은 핀테레스트 뿐만 아니라 트위터와 페이스북 등을 통한 콘텐츠의 재생산과 관계 네트워크를 통한 재 확산을 목표로 합니다.

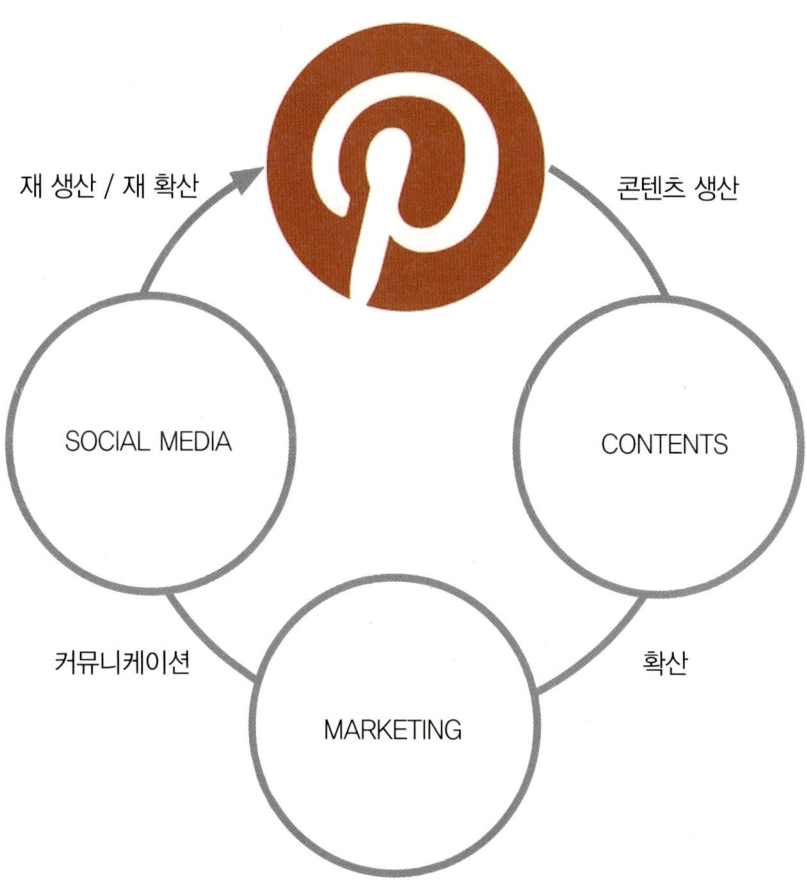

핀터레스트 마케팅 목표

핀터레스트 활용을 위한 마케팅 전략을 세우기 위해 가장 중요한 것 중 하나는 마케팅 목표를 명확히 세우는 것입니다. 핀터레스트를 통해서 얻고자 하는 목표 및 브랜드 가치가 무엇인지 고민해야 합니다.

브랜드 이미지 커뮤니케이션

핀터레스트는 기업의 브랜드 아이덴티티를 시각화하여 브랜드 커뮤니케이션 및 메시지를 전달하고 기업의 이미지를 개선하거나 강화하는데 유리합니다. 시각적인 이미지는 브랜드의 스토리 텔링을 통해 고객에게 전달하고자 하는 메시지를 이해하기 쉽고 명확하게 전달할 수 있습니다.

고객관계 개선 및 커뮤니케이션

핀터레스트는 쉽게 고객을 세그먼트하고 관리할 수 있습니다. 핀터레스트를 통해 고객과의 관계를 형성하고 유지함으로서 기업에 대한 친밀도를 높이고 고객 참여를 유도합니다. 이를 통해 고객의 성향을 이해하고 고객의 요구 사항을 제품에 반영할 수 있습니다. 이러한 활동은 장기적으로 기업의 영향력을 키우며 기업 외부의 아이디어를 받아들임으로써 기업을 혁신적인 상태로 유지시킵니다.

판매촉진 프로모션

핀터레스트를 통한 프로모션은 쉽고 편리하게 프로모션에 참여하도록 유도하여 신규고객을 확보하고, 약간의 베니핏을 제공함으로 고객 로열티를 올릴 수 있습니다. 프로모션 참여 시 기업 관련 미션을 부여하여 제품에 대해 더 잘 알 수 있게 되고 궁극적으로 제품의 판매로 이어지는 것을 목표로 합니다. 신제품의 출시에 따른 소개, 핀터레스트만의 독점적인 할인 제공이 가능합니다.

프로모션의 형태는 일반적으로 많이하는 콘테스트 뿐 아니라 퍼즐같은 게임이나 제비뽑기 등 제한 없이 수용할 수 있습니다.

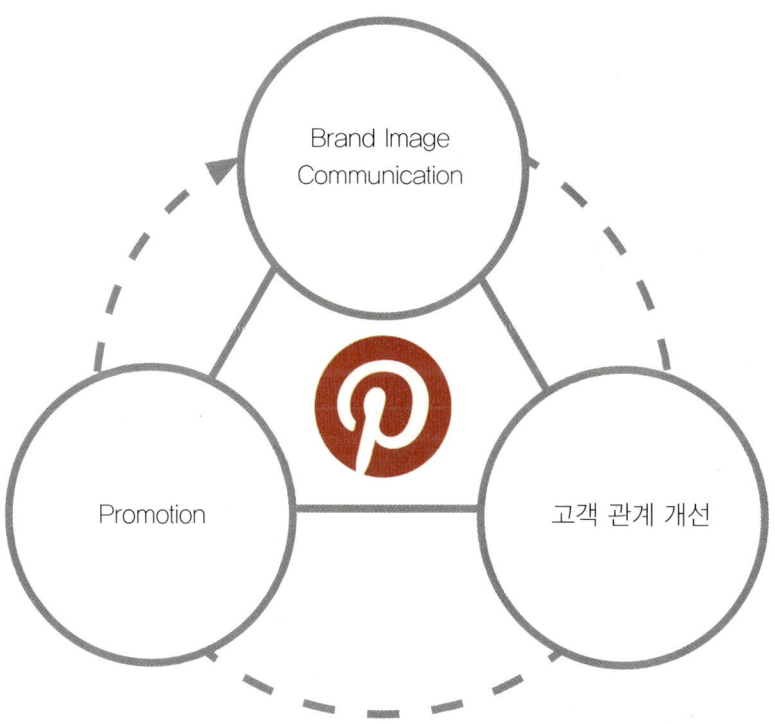

브랜드 이미지 강화

　브랜드는 기업의 상품과 서비스가 다른 경쟁기업의 것과 구별해서 표시하는데서 출발하였습니다만 이제 브랜드는 단순 상품명을 말하는 것이 아니라 상품 자체를 뜻하며 나아가 기업의 정체성(아이덴티티)라 할 수 있습니다.

브랜드 이미지는 작게는 특정 제품의 이미지에서 기업의 전체적인 이미지와 연결됩니다. 한마디로 소비자가 특정브랜드에 대해 가지고 있는 전체적인 인상을 말합니다.

브랜드 이미지의 강화는 소비자들이 가지고 있는 기업의 이미지를 긍정적이고 친밀하게 바꿔 줌으로서 제품 및 서비스의 차별화를 이루는 작업입니다.

강력한 브랜드를 통한 차별화는 해당 기업들에게 경쟁 우위를 달성하는데 도움을 줍니다. 핀터레스트는 사진 이미지를 이용하여 시각화된 기업 이미지를 전달하고 강화하는데 알맞습니다.

브랜드 이미지 구축

　핀터레스트 내의 기업계정 보드가 가지는 브랜드 이미지를 구축합니다. 핀터레스트에서의 브랜드 이미지를 표현하는 수단인 사진과 비디오를 통하여 기업 보드가 가진 이미지와 원래 기업의 이미지를 일치시키는 작업이 선행되어야 하며 그 기반 위에 기업이 추구하는 브랜드 이미지를 전략 방향을 잡습니다.

대고객 커뮤니케이션

고객 커뮤니케이션 강화를 통해 고객에 대해 브랜드에 대한 이해도를 올리고 고객 참여를 유도합니다. 원활한 고객 커뮤니케이션은 기업이 가진 고유의 철학과 메시지를 고객에게 전달하며 반대로 고객이 기업에 바라는 입장이나 요구 사항을 자연스럽게 반영하여 기업과 고객의 관계를 지속적으로 유지시켜 줍니다.

브랜드 이미지 강화

브랜드 이미지에 걸맞는 보드를 구성하고 지속적으로 관리함으로써 브랜드 인지도를 높이고 브랜드 이미지를 강화할 수 있습니다. 고객과의 커뮤니케이션을 통해 경쟁사와 차별화된 제품 및 서비스의 컨셉을 시각적으로 제시하여 소비자의 신뢰를 얻을 수 있습니다.

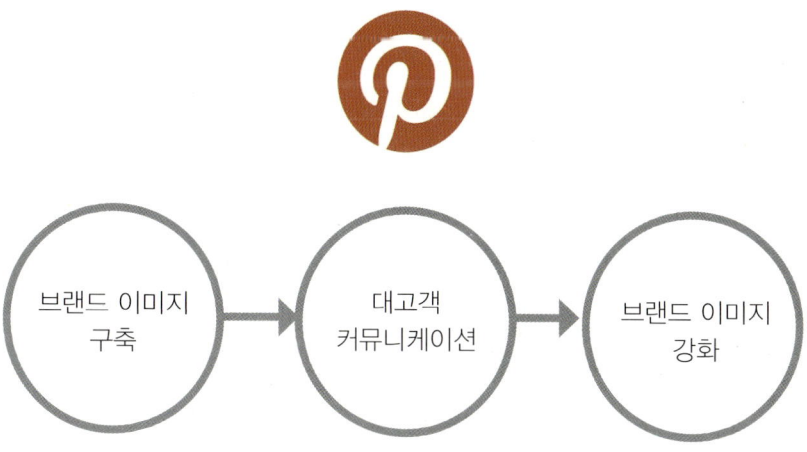

핀터레스트 콘텐츠 강화

　핀터레스트의 콘텐츠 강화전략은 자체적인 서비스 및 콘텐츠의 수준을 높여 고객을 끌어들이고 재 방문할 수 있도록 하는 전략입니다.

고객에게 인기있는 주제의 보드 만들기

　핀터레스트 기업 계정이라 해서 기업 관련 콘텐츠만 올려 놓으면 고객의 관심도가 떨어지게 마련입니다. 예를 들면 GAP이 패션하고는 상관없는 '피크닉' 보드를 운영 한다든지 주방 용품 회사에서 '애완 동물' 보드를 운영하는 것처럼 고객들이 좋아하는 주제의 보드를 통해 고객의 흥미를 가지고 방문하도록 합니다.

사진으로 스토리 텔링하기

　기업 계정 내의 여러 보드들은 각 보드에 맞는 테마를 정해 제품의 분위기와 특성에 맞는 이야기를 전달해야 합니다. 사진은 감성을 담은 시각 언어로서 스토리를 제공해야 합니다. 스토리가 없는 보드는 단순한 광고 판에 지나지 않습니다. 단순 광고판에는 고객이 다시 오지 않습니다.

사진의 퀄리티 높이기

　스티브 잡스는 자신이 애플 제품의 디자인에 집착한 이유에 대해 '애플의 디자인이 애플의 판매 사원이다'라고 이야기 했습니다. 디자인과 비쥬얼의 중요성을 짚은 것입니다. 제품의 디자인과 마찬가지로 핀터레스트에서 제품의 사진은 회사 제품을 파는 판매 사원입니다. 최고 해상도의 사진들 가운데서 가장 사람들이 좋아 할만한 사진을 골라서 보드를 구성해야 합니다.

전용 콘텐츠의 개발

핀터레스트에서만 볼 수 있는 전용 콘텐츠를 개발하여 제공함으로 사용자들이 핀터레스트에 기대를 가지고 재방문할 수 있도록 유도합니다. 페이스북이나 일반적인 웹 사이트에서 흔히 볼 수 있는 이미지들을 보기 위해 핀터레스트에 올 이유가 없습니다. 사람들이 핀터레스트를 찾아야 하는 이유를 만들어야 합니다.

상품 정보를 포함시켜기

어떤 고객이 핀터레스트에서 우연히 본 기업의 제품 사진이 마음에 들었다면 구매 할 확률이 매우 높습니다. 그 사진은 대부분 그 기업의 보드에서 본 것이 아니라 그 고객의 친구에 의해 리핀된 사진 일 것입니다. 핀터레스트는 500자까지 사진에 대한 설명을 채워 넣을 수 있습니다. 따라서 사진에는 제품을 구입할 수 있는 URL를 반드시 포함 시켜야 하며 검색 시 잘 나올 수 있는 연관 키워드 역시 빼놓지 말시기 바랍니다.

고객들이 어떤 사진을 퍼갔는지 확인

특정사이트의 사진이 얼마나 핀터레스트에 올라갔는지 확인할 수 있는 방법은 매우 간단합니다. 이를 통해 자사의 사이트로부터 핀된 사진이 어떤 것인지 알 수 있으며 마찬가지로 경쟁사의 어떤 제품이 많이 핀되고 있는지 알 수 있습니다.

SITENAME.COM 위치에 원하는 사이트의 주소를 넣으면 됩니다.
http://pinterest.com/source/SITENAME.COM

핀터레스트 홍보 강화

핀터레스트의 홍보 강화 전략은 핀터레스트의 고유 기능을 전략적으로 이용하여야 합니다. 물론 가장 중요한 것은 제품 자체의 기능과 디자인에 신경써야 하겠지만 검색 엔진에서 기업 보드가 잘 검색되도록 하는 데에도 전략적으로 강화해야 할 부분입니다.

SEO는 Serch Engine Optimization의 약자로서 직역하면 검색 엔진 최적화인데 네이버나 구글과 같은 검색 서비스에서 검색 결과 상위에 잘 노출되도록 사이트를 조정하는 작업입니다. 전문적인 SEO작업은 아니지만 검색 엔진에서 잘 검색될 수 있도록 기본적인 사항을 점검해서 조치합니다.

핀터레스트 SEO

01 프로필 공개 설정
02 자기 소개(About)에 자사상품에 대한 키워드 삽입
03 기업 관련 키워드 보드를 복수로 운영
04 핀에 넣는 설명에 회사 관련 키워드 삽입
05 해쉬 태그 활용
06 페이스북 트위터 두 곳 모두 연동시켜 사용

핀잇 버튼 추가하기

기업 홈 페이지의 제품 설명 페이지나 홍보 페이지에 핀잇 버튼을 추가하여 방문자와 고객들이 제품 사진을 손쉽게 퍼 갈 수 있도록 해야하며 기업 블

로그나 페이스북, 트위터 등 활용 가능한 채널에는 모두 '팔로우' 버튼을 추가합니다.

미디어 믹스를 통한 홍보 강화

미디어 믹스는 기업이 가진 예산에 따라 범위가 달라집니다. 자사가 가지고 있는 홍보 자원을 최대한 활용하여 핀터레스트로의 유입을 강화합니다. TV 광고나 지면광고와 같은 오프 라인 매체 뿐 아니라 기업블로그, 페이스북 및 트위터와 같은 다른 소셜 서비스를 충분히 활용하여 선순환 구조를 만듭니다.

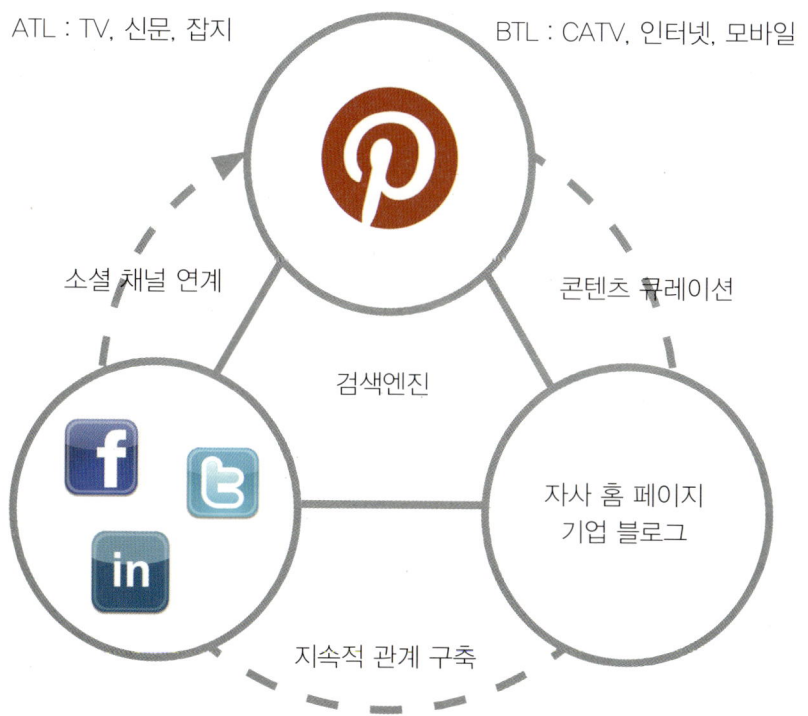

핀터레스트 마케팅 운영

구분	주요 내용
목표	· 핀터레스트를 통해서 얻고자 하는 목표 및 브랜드 가치는? · 소셜 미디어 채널 연계를 통한 전략은?
팀구성	· 핀터레스트의 전략을 기반한 보드 및 핀 주제 설정 의사 결정 지원 체계 · 고객 지원 및 법적인 이슈에 관한 대응 체계
고객	· 어떤 타겟 고객을 기반으로 할 것인가?
Tone & Manner	· 어떠한 성격으로 운영에 관한 차별화된 개성을 보여 줄 것인가? (Funny, Serious, friendly, informative)
콘텐츠 전략	· 어떠한 주제 보드를 개설하고 보드에 맞게 어떠한 내용을 핀 할 것인가? · 보드와 핀은 몇 개가 적당한가?
콘텐츠 운영	· 각 보드를 누가 운영할 것인가? · 누가 내부적으로 핀을 분석하여 추천하고 포스팅할 것인가? · 보드 개설 및 핀 포스팅은 언제 할 것인가?
모니터링 운영	· 어떻게 누가 언제 페이지를 모니터링할 것 인가? 주기는? · 무엇을 모니터링 할것인가?(Brand, industry, competitors, spokespeople) · 핀 코멘트에 언제 어떻게 답변 및 대응 해야하나? · 팔로우와의 지속적인 관계를 어떻게 유지해야 하나?
프로모션 계획	· 내/외부 채널 과 연계하여 어떻게 페이지를 홍보할 것인가? · 각 소셜 미디어 채널과 어떻게 연계하여 유입시킬 것인가?
위기 관리	· Board 와 Pin에 부정적인 이슈가 발생했을때 어떻게 대응해야 하나? · 저작권에 문제가 생겼을때 어떻게 대응해야 하나?

▲ 데이터출처 : A Review of Social Media's Newest Sweethear (Eugauge) 참조 재구성

핀터레스트 Top Follow 10

팔로우수가 많은 Top Follow 10 입니다. 다른 서비스들과 달리 파워 피너 중 많은 수가 여성 사용자입니다. 1위 Jane Wang은 288만 명의 팔로우를 거느리고 있습니다. 3위 벤 실버먼과 6위의 에반 샤프는 핀터레스트의 공동 창업자입니다.

01 Jane Wang

02 Christine Martinez

03 Ben Silbermann

04 Jennifer Chong

05 Joy Cho

06 Evan Sharp

07 Maia McDonald

08 Caitlin Cawley

09 Mike D

10 Daniel Bear Hunley

출처 : Mashable

Christine Martinez

I have a penchant for pretty. My dog Miles is EVERYTHING + an underbite.

Oakland, CA

핀터레스트 프로모션 구조

많은 기업들이 진행한 핀터레스트를 이용한 프로모션은 몇 가지의 형태로 나누어 볼 수 있습니다. 가장 일반적인 핀터레스트 프로모션은 자사의 상품과 관련된 사진을 핀하고 사용자들이 평가하여 가장 많은 '좋아요'를 받는 사람이 우승을 하는 콘테스트 형식의 프로모션입니다.

하지만 콘테스트 이외에도 문제를 내고 정답을 핀하는 방식의 퀴즈라든지 영국 bmi처럼 로또 형식을 빌려올 수도 있습니다.

어떤 형식의 프로모션을 진행하던지 기본적인 구조는 프로모션 보드를 제작하고 프로모션을 전파하는 단계를 거쳐 사용자 참여를 유도하게 됩니다.

사용자 참여 시 사용자는 회사의 핀터레스트 계정을 팔로우 해야 참여가 가능한 프레임을 가지게 됩니다.

정리하면
01 프로모션용 보드의 제작
02 프로모션 전파
03 사용자 참여유도
04 참여를 위한 팔로우
05 프로모션 참가 – 해당 회사의제품과 관련있는 사진을 핀하거나 리핀
06 콘테스트의 경우 후보작에 대한 좋아요 투표나 리핀을 통한 투표
07 핀터레스트 보드를 이용한 우승자(당첨자) 발표

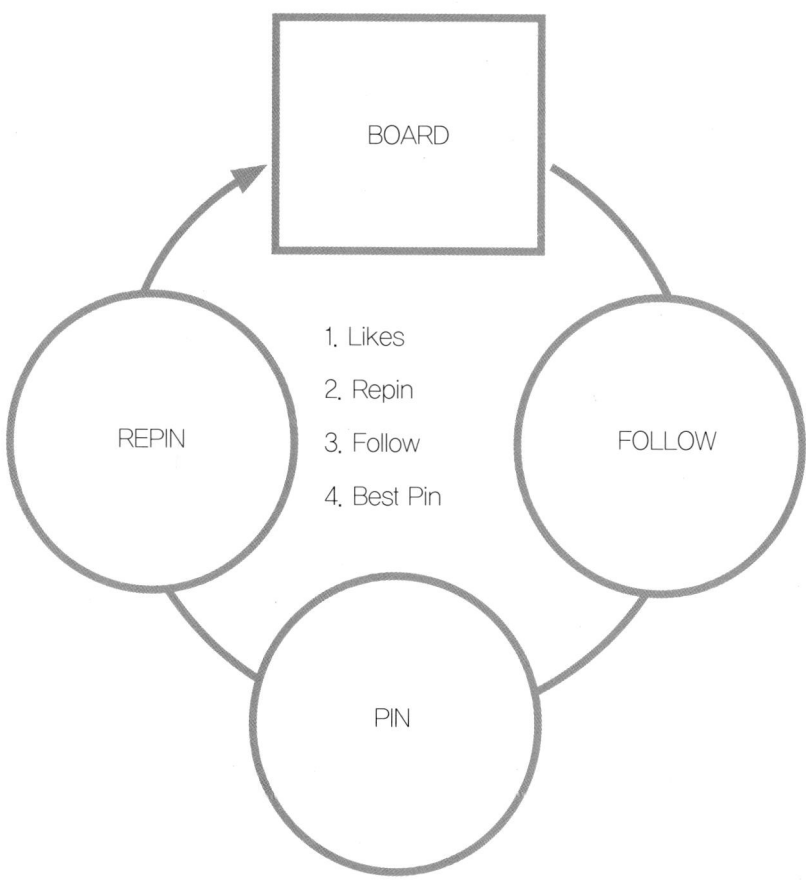

프로모션 참여 시 해당보드가 아닌 기업 계정을 팔로우 하도록 합니다. 어떤 내용의 프로모션을 해야 할지는 각 기업이 가지고 있는 제품이나 서비스의 종류와 성격에 따라 달라집니다. 중요한 점은 사용자들이 쉽게 참여할 수 있는 방법을 채택해야 합니다. 가장 쉽게 참여하는 방법은 제시한 핀을 리핀 시키는 방법이지만 그보다는 기업과 관련된 핀을 사용자가 쉽게 제작하도록 하는 것이 마케팅 측면에서 더 효과적일 것입니다.

기업 브랜딩 사례

핀터레스트 내에서 활동하는 기업들의 목적은 크게 3가지로 나뉘어 집니다. 첫째 기업의 브랜딩, 두 번째 제품 홍보, 세 번째 프로모션입니다. 기업 브랜딩을 통해 기존 이미지의 강화 뿐 아니라 고객과의 커뮤니케이션을 통한 고객 접점 확대를 기대할 수 있습니다.

GE 제네럴 일렉트릭

GE는 미국의 대표적인 전기기기 제조 업체로서 핀터레스트를 통해 자사의 사업 분야인 항공기 엔진, 가전, 의료, 조명 등의 사업 안내와 기업 활동들을 사진을 통해 보여 줍니다. 핀터레스트를 통해 저사의 올드한 이미지를 퇴색시키고 스마트한 느낌의 기업 이미지를 강화하고 있습니다.

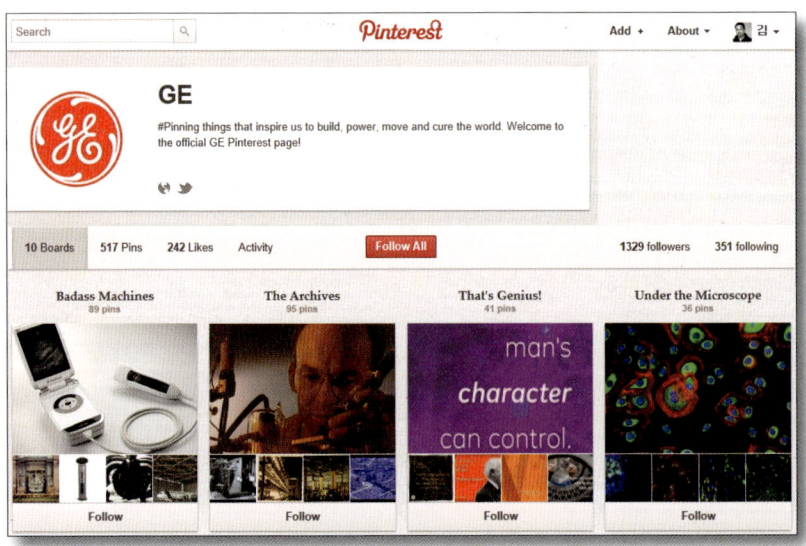

birchbox.com

버치박스는 월 10 달러를 낸 고객에게 여러 가지 화장품 샘플이나 시제품을 모아 판매하는 사업으로 유명한 회사입니다. 배달 할 때 화장품들이 담겨 오는 박스를 '버치박스'라고 부릅니다.

버치박스 사이트의 원래 주 업무는 화장품 제품 소개 및 리뷰, 사진 등의 콘텐츠를 제공하는 것이며, 원래의 서비스 성격과 핀터레스트의 특성이 잘 매치되어 효과적으로 핀터레스트를 이용하고 있습니다.

자체적으로 제작되는 뷰티 관련 사진 콘텐츠를 핀터레스트에서 확산시킴으로서 자사 제품의 신뢰성 및 브랜드 이미지를 강화하고 있으며 'Your Birchbox'보드를 통해 고객 참여 유도 및 고객 관리 기능도 하고 있습니다.

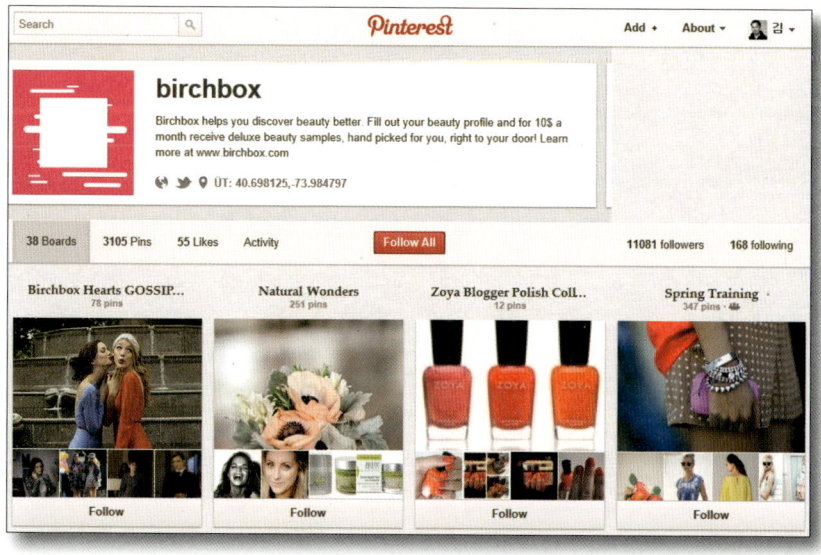

ideeli.com

아이딜라이닷컴은 패션 브랜드 할인 사이트로서 여성 의류와 신발, 가방 등의 여성 패션 아이템들과 남성 패션 브랜드나 아이들의 옷을 싸게 판매하는 사이트입니다.

아이딜라이닷컴의 핀터레스트 보드는 단순히 아이딜라이에서 취급하는 제품의 상품 카털로그가 아니라 애완동물, 스낵 같이 패션과 상관 없는 보드와 인기 연예인의 스타일, 에디터스 초이스 등 다양한 볼거리로서 사용자들을 끌어 모으고 있습니다.

아이딜라이닷컴은 실제로 6개월동안 핀터레스트를 통해 유입되는 트래픽이 446% 증가하는 것을 지켜보았습니다.

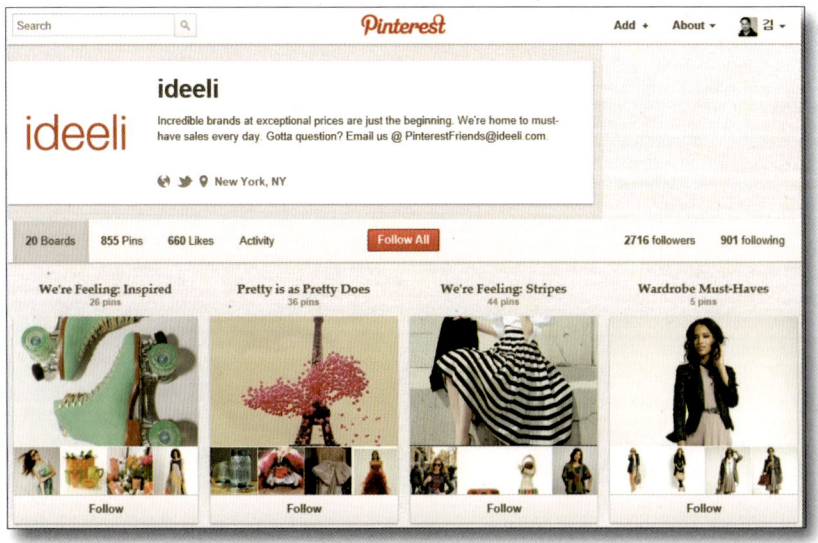

Etsy.com

엣시(Etsy)는 핸드메이드 용품 쇼핑몰로서 액세서리, 잡화, 유아용품, 쥬얼리를 만드는 재료나 기기 등을 판매하는 사이트이며 동시에 사용자들이 만든 핸드메이드 제품이나 빈티지 제품을 거래하는 오픈 마켓이기도 합니다. 주목할 만한 사항은 핀터레스트로 퍼오는 사진 중 가장 많이 퍼오는 사이트가 바로 엣시라는 사실입니다. 구글에서 퍼오는 사진보다 엣시에서 퍼오는 사진이 더 많으니 핀터레스트에서 에시의 영향력을 무시할 수 없습니다.

엣시에서 퍼오는 사진이 가장 많다는 이야기는 반대로 엣시로 유입되는 트래픽도 가장 많다는 것을 의미합니다. 엣시는 현재 핀터레스트를 가장 잘 활용하고 있는 사이트 입니다.

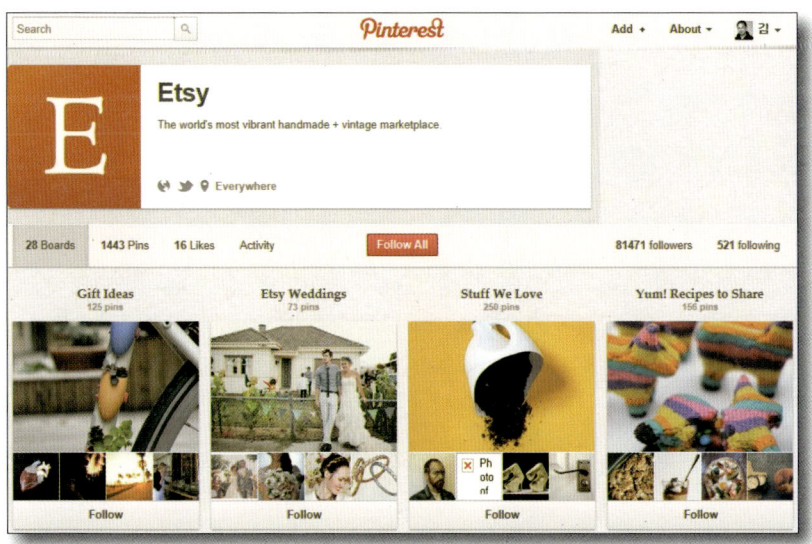

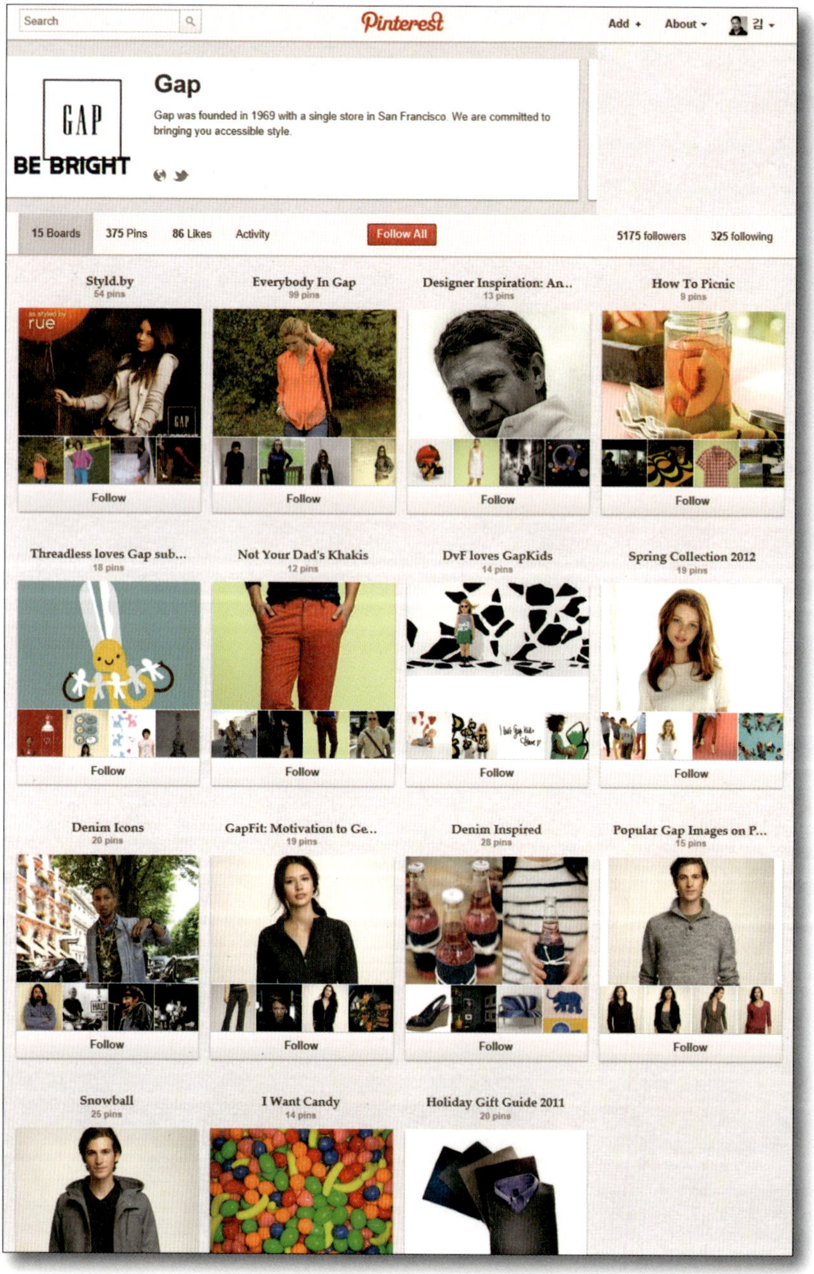
Search
Pinterest
Add +
About
Gap
Gap was founded in 1969 with a single store in San Francisco. We are committed to bringing you accessible style.
GAP
BE BRIGHT
15 Boards
375 Pins
86 Likes
Activity
Follow All
5175 followers
325 following
Styld.by
54 pins
Everybody In Gap
99 pins
Designer Inspiration: An..
13 pins
How To Picnic
9 pins
Follow
Follow
Follow
Follow
Threadless loves Gap sub...
18 pins
Not Your Dad's Khakis
12 pins
DvF loves GapKids
14 pins
Spring Collection 2012
19 pins
Follow
Follow
Follow
Follow
Denim Icons
20 pins
GapFit: Motivation to Ge..
19 pins
Denim Inspired
28 pins
Popular Gap Images on P...
15 pins
Follow
Follow
Follow
Follow
Snowball
25 pins
I Want Candy
14 pins
Holiday Gift Guide 2011
20 pins

GAP

초창기부터 핀터레스트를 이용한 마케팅으로 쏠쏠하게 재미를 보고 있는 의류회사는 다름 아닌 미국의 중가 브랜드의 대명사 GAP입니다. 현재 핀터레스트에서 활동하고 있는 100개가 넘는 브랜드 중 가장 인지도가 높은 브랜드 중 하나입니다.

갭은 현재 15개의 보드에 375개의 핀을 올려서 운영하고 있는데 자사의 패션 카탈로그 보드 사이에 'How to Picnic(소풍가는법)', 'I Want Candy(사탕을 원해)' 같은 보드를 섞어 넣어 단순 홍보 보드로 빠지지 않도록 운영하고 있습니다.

갭은 자사의 상품이 패션 제품이다 보니 멋진 모델에 입힌 제품 카탈로그 사진을 이용하여 핀터레스트 이용고객들을 공략하고 있습니다. 단순히 상품 전시만 하는 것이 아니라 프로모션을 통한 고객 참여를 유도하여 이미지 개선과 친밀감을 주는 등 효과적으로 핀터레스트를 이용하고 있습니다.

기업 프로모션 사례

게스의 Color Me Inspired

한 때 한국에서도 가장 잘나가는 청바지였던 게스. 게스가 핀터레스트를 활용하여 2012년 신상품 프로모션을 진행하였습니다. 이번 프로모션은 핀터레스트의 특성을 살려 사용자들이 콘테스트에 참여하는 방식으로 진행되어 전 세계에서 수 많은 사람들이 참여하여 성황리에 마무리 되었습니다.

이벤트는 3월 8일 ~ 15일까지 일주일간 진행되었고, 유명 패션 블로거 4명이 심사하여 각 색상 별로 가장 멋진 보드를 작성한 참가자를 선정한 후, 해당 컬러 바지를 상품으로 주었습니다. 사진을 기반으로 한 핀터레스트의 특성을 가장 잘 활용한 홍보 마케팅이라 생각됩니다.

게스-핀터레스트 프로모션

프로모션명 Color Me Inspired

시기 2012년 3월

개요 게스의 핀터레스트 프로모션 마케팅. 2012년 봄 신상품인 컬러 데님의 홍보를 목적. "Noir Teal"(민트), "Hot House Orange"(오렌지), "Red Hot Overdue"(빨강), "New Plum Light"(보라)색을 테마로 콘테스트 형식으로 진행.

참가방법

01 핀터레스트 계정 개설

02 게스의 Color Me Inspired Contest 보드에 핀 되어 있는 4가지 모델 사진 중 하나를 선택

03 참가자 자신의 핀터레스트에 GUESS My Color Inspiration이라는 이름의 보드 개설. 보드 코멘트란에 4가지 컬러 중 선택한 칼라명 기재

04 작성한 보드에 자신이 선택한 칼라와 동일한 색상의 사진을 최소 5장 이상 핀 한 후, 게스 사이트에 있는 4가지 모델 사진 중 하나를 자신의 보드에 리핀

05 Repin할때는 #GUESScolor 라는 해시태그를 입력

06 게스의 4가지 모델 사진 중 자신이 선택한 컬러 사진에 간단한 댓글과 함께 자신이 작성한 보드의 링크를 올리면 콘테스트 참가 완료

이 프로모션에는 컬러 별로 총 4명의 우승자가 나왔습니다. 4명의 우승자에게는 각 각 참여하여 우승한 색깔의 바지를 상품으로 증정하였습니다. 바지 4벌 걸고 진행한 프로모션이 이 정도의 효과를 본 것은 핀터레스트가 가지는 마케팅적인 힘이 강력하다는 것을 보여주고 있습니다.

직접 콘테스트 보드에 가서 프로모션에 참가한 보드들을 보는 재미도 쏠쏠합니다.

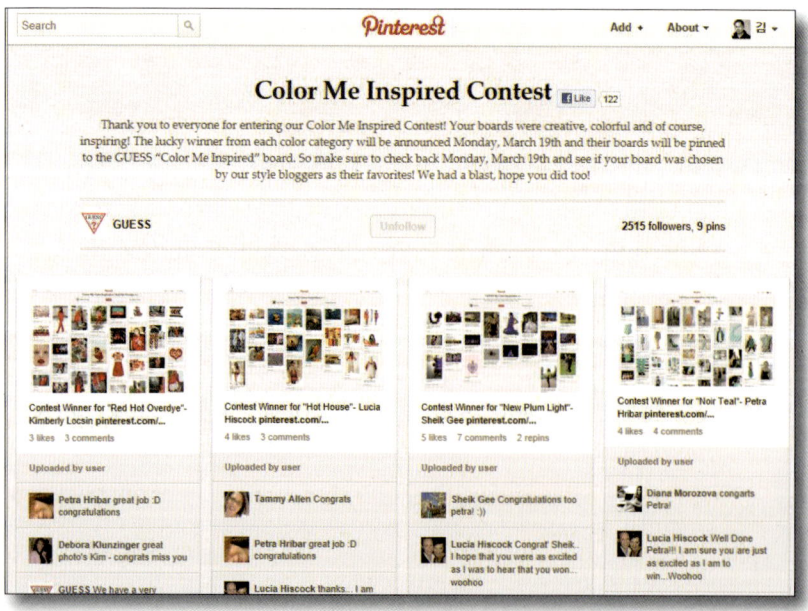

▲ 게스의 핀터레스트 프로모션 보드

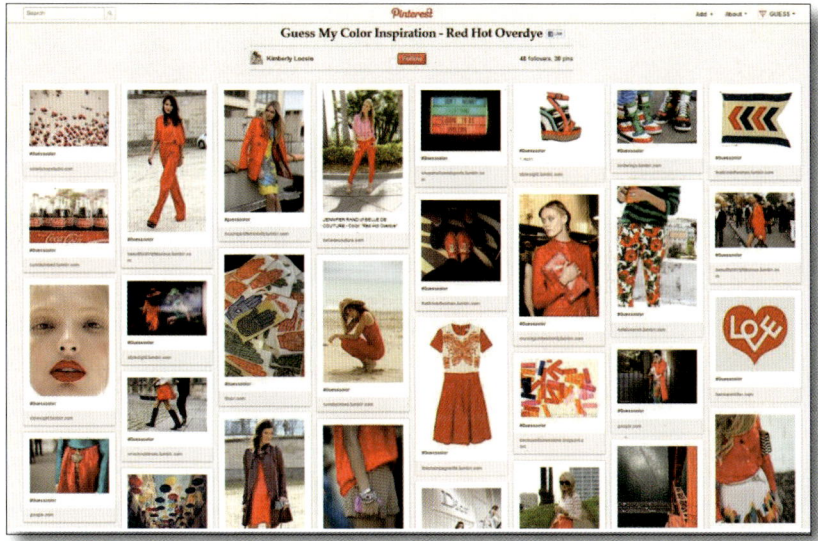

▲ 게스 콘텐스트 Red Hot Overdue(빨강) 컬러 우승자의 보드

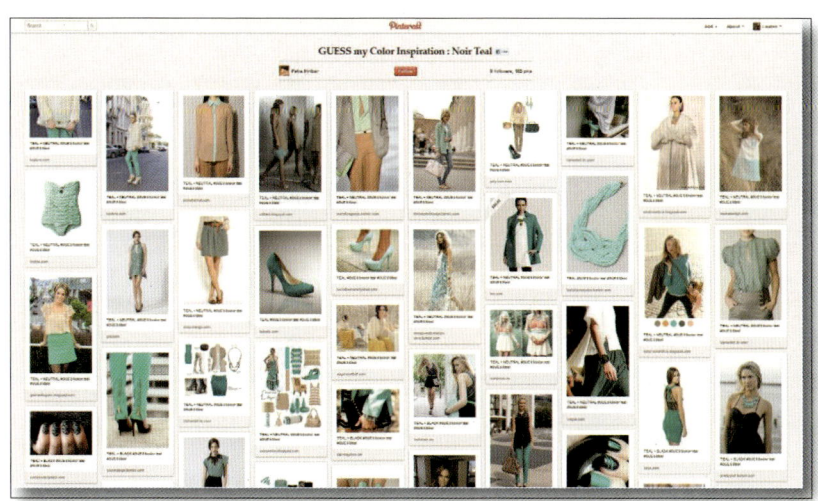

▲ 게스 콘텐스트 Noir Tesl(민트) 컬러 우승자의 보드

9. 핀터레스트 마케팅   227

영국 bmi 항공사의 핀터레스트 로또

영국의 bmi 항공이 핀터레스트를 이용한 로또(Pinterest Lotery) 프로모션입니다. 이 프로모션은 2012년 3월에 진행하고 종료되었습니다. bmi에서 운영하는 핀터레스트 페이지에 가면 이 항공사에서 운항하는 6개 도시의 보드가 있고 각 보드에는 9장의 사진이 들어 있어 총 54장의 사진이 있습니다. 각 사진에는 1부터 54까지 번호가 부여되어 있고, 참여자는 54개의 사진 중 마음에 드는 사진을 6개 까지 리핀하면 이벤트에 참가

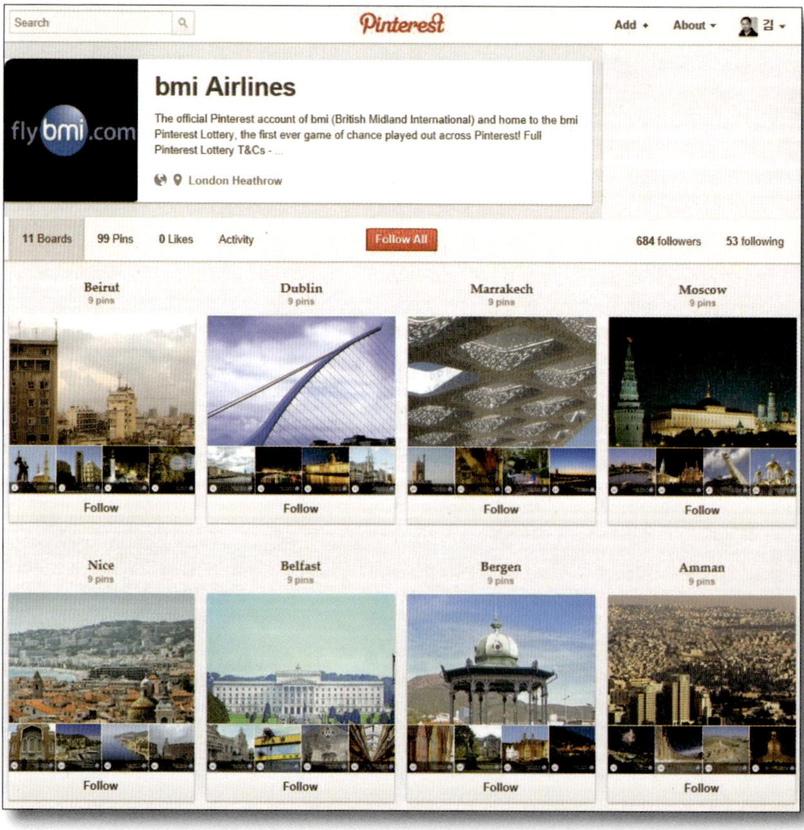

가 완료됩니다. bmi는 매주 당첨 번호를 발표하고 해당 번호의 사진을 리핀한 참가자 중 한 명을 추첨하여 본인이 원하는 지역의 왕복 항복권을 상품으로 증정하였습니다.

이 프로모션을 통해 bmi는 자사 홍보와 자사가 취항하는 지역(상품)을 핀터레스트의 핀을 통해 효과적으로 홍보하였으며, 프로모션이 끝난 후에도 지속적으로 프로모션 사진들이 리핀되고 있습니다. bmi는 영국의 작은 항공사로서 핀터레스트를 이용해 저비용으로 사람들의 이목을 집중시키는데 성공하였습니다.

bmi-핀터레스트 프로모션

프로모션명 bmi Lotery
시기 2012년 3월
개요 영국 항공사인 bmi가 자사의 운항 도시들을 알리는 프로모션으로, 해당지역의 사진을 리핀한 사용자 중 추첨을 통해 왕복 항공권 증정

참가방법

01 핀터레스트 계정 개설
02 bmi의 취항도시 6개 보드의 9장의 사진 54개 중 6개의 사진 리핀
03 매주 당첨번호를 발표하고 해당번호를 리핀한 참가자들 중 한 명을 추첨하여 원하는 지역의 왕복 항공권 증정

컨퓨즈드의 Driving in Heels Competition

www.confused.com은 미국의 보험 및 금융 사이트로서 특히 자동차 보험이 주 사업입니다. 컨퓨즈드에서는 자동차 사고를 유발하는 높은 하이힐을 신고 운전하는 것에 대한 경각심을 높이고 자동차 사고율을 낮추기 위한 캠페인을 핀터레스트를 통해 진행하였습니다.

이 프로모션은 높은 하이힐을 신고 운전하는 사진의 핀 중 가장 '좋아요'를 많이 받은 사람을 우승자로 정하여 운전하기 편한 낮은 하이힐을 선물

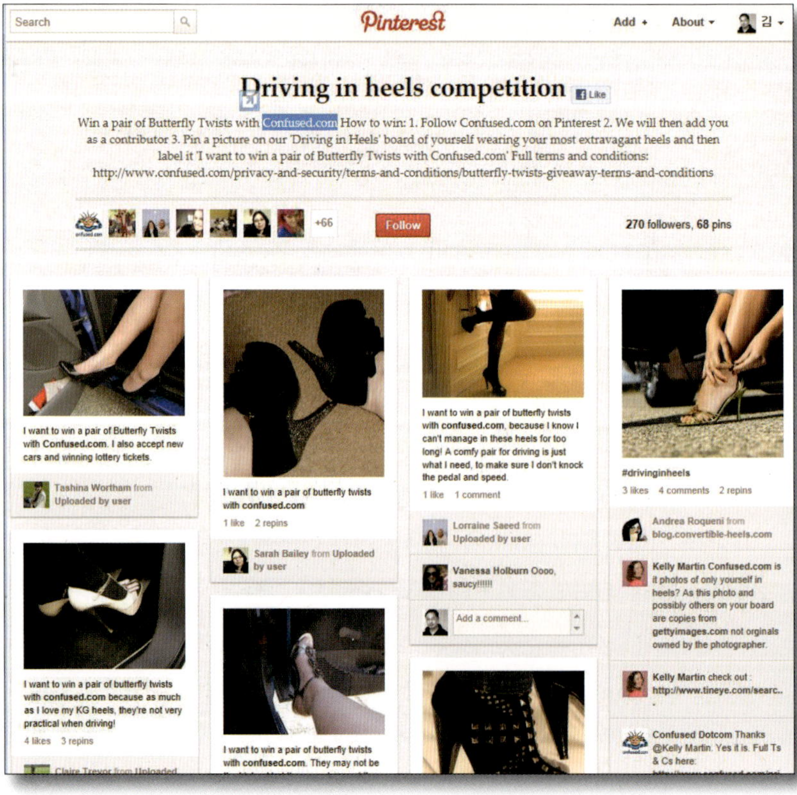

로 주었습니다. 컨퓨즈드의 사이트에 가보면 이 프로모션에 대한 설명을 텍스트로 해놓고 있습니다. 만일 이 프로모션을 핀터레스트에서 하지 않고 자사의 사이트에서만 진행했다면 아마도 100% 실패했을 것입니다. 핀터레스트의 디자인이 얼마나 강력한 도구인지 보여주는 사례라고 할 수 있습니다.

Confused-핀터레스트 프로모션

프로모션명 Driving in Heels Competition

시기 2012년 4월

개요 미국 보험 사이트인 Confused.com에서 하이힐을 신고 운전하는데 대한 위험에 대한 경각심을 주기 위한 핀터레스트 캠페인으로, 높은 하이힐을 신고 운전하는 사진을 핀한 후 가장 많이 '좋아요'를 받은 10명에게 운전하기 편한 낮은 하이힐을 상품으로 증정

참가방법

01 핀터레스트 계정 개설
02 Confused 핀터레스트 보드 방문
03 높은 하이힐을 신고 운전하는 사진을 핀하고 프로모션 메시지를 추가
04 한 명이 한 장의 사진만 참여 가능
05 10명의 수상자를 선발

갭의 T셔츠 Competition

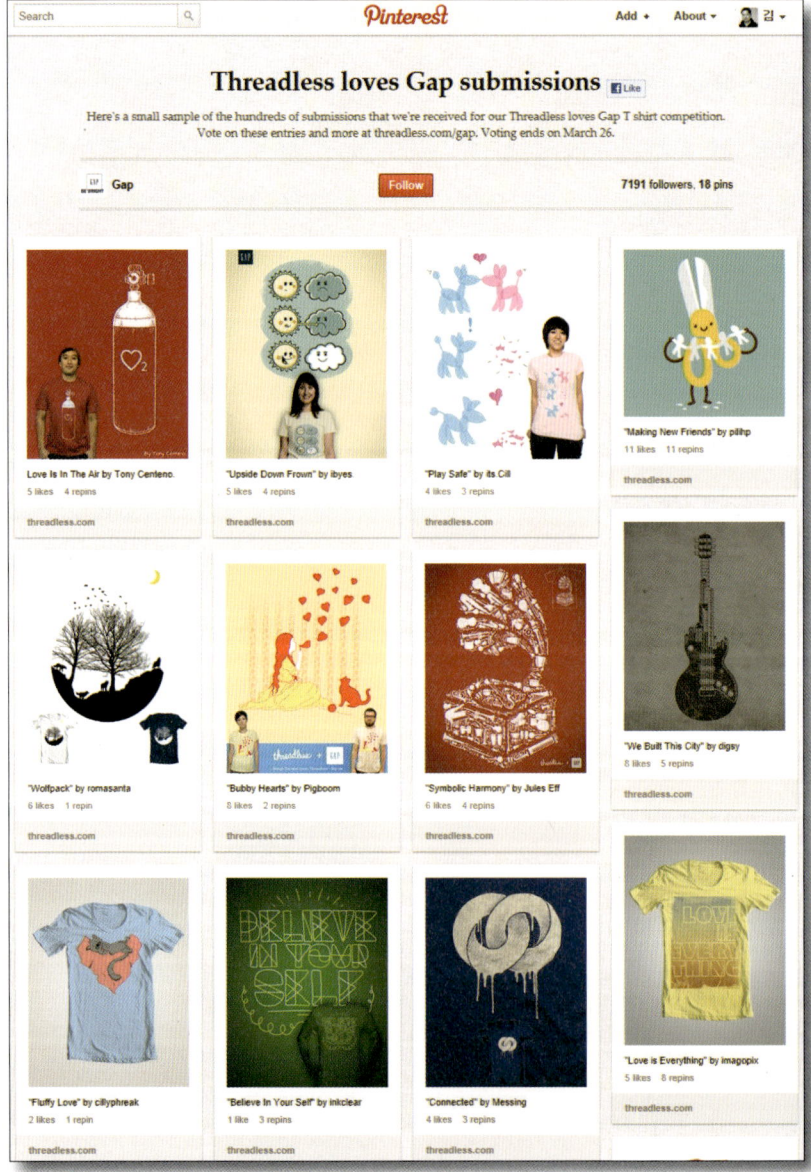

Gap-핀터레스트 프로모션

프로모션명 Threadless loves Gap Submissions

시기 2012년 3월

개요 티셔츠 사이트인 Threadless와 공동으로 진행한 티셔츠 디자인 공모전으로 전 세계 사용자를 대상으로 개성적인 티셔츠 디자인을 공모하여 후보작들을 선발하고 사용자 투표에 의해 시상

참가방법

01 Gap 보드에 방문

02 핀터레스트에 올라온 후보작들을 보고 마음에 드는 디자인을 선택

03 각 후보작 핀에 있는 링크를 따라가서 투표

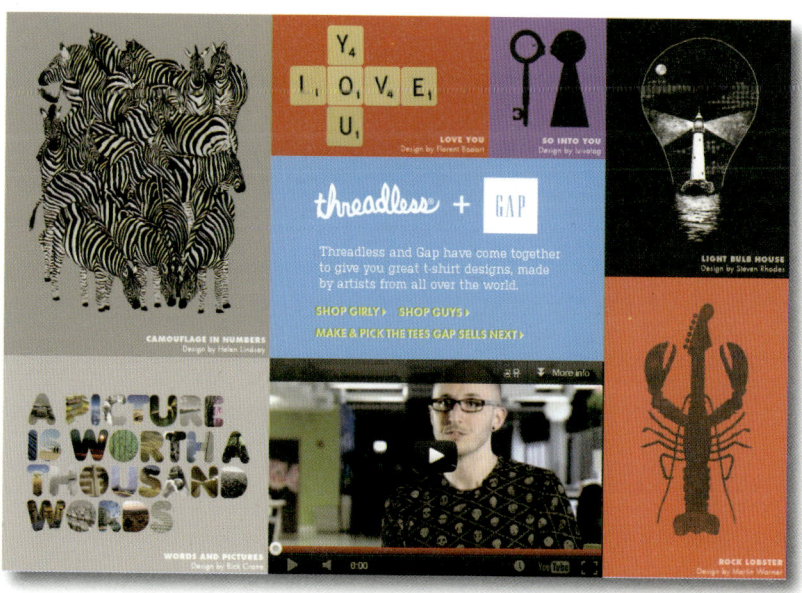

찾아보기

A

About 123
Accomplishment 148
Add 85
Add + 85
Add a Pin 85
Anti-Boredom 149
App Store 131
Architecture 158
Authentic 57

B

Ben Horowitz 30
birchbox.com 219
bmi 228
Board 21

C

Cold Brew Labs 28
Comment 23
Community 148
Contributors 89
Create 87
Create a Board 88
Curiosity 148

D

Delete Accoun 125
Design 158
DIY 158

E

Edit Board Cover 91
Edit Profile 83
Engagement 149
Escape 149
Etsy.com 221
Everything 43, 51

F

Facebook 65

Find Friends 100
Find Images 86
Follow 23, 98

G

GAP 223
Gardening 158
Gifts 53

H

Home Decor 158

I

ideeli.com 220
Invite 49

L

Life Planning 149
Like 22
Location 123

P

Password 122
Pin 20
Pin It 48
Pinner 22
Pinners you follow 82
Pinning 21
Place 141
Popular 52
Profile 83

R

Relevance 149
Repin 22
Request an Invite 64

S

Self-Expression 148
SEO 212

Set Cover 91
Sources 57

T

Top 215
twitter 65

U

Upload a Pin 87
Username 83

V

Video 51

W

Who can pin 89

ㄹ

라이크 22
로그인 76
리퍼럴 트래픽 188
리핀 22, 107

ㅁ

마케팅 목표 206
마케팅 운영 214
마케팅 전략 204
마케팅 특성 184
마크 안데르센 30
물건 찾기 154
미디어 믹스 213

ㅂ

버티컬 SNS 40
벤 실버먼 29
벤 호로위츠 30
보드 21, 88
보드 커버 90
북마크 164
브랜드 이미지 206, 208, 209
비디오 51
비밀번호 설정 122

ㅅ

사용시간 186
사용자 교육 수준 197
사용자 소득 분포 198
사용자 연령층 196
사용자 이름 122
사진의 출처 57
상단 메뉴 51
상품 정보 211
생활 계획 149, 152
성별 122
성장세 185
소셜기능 95
소호 몰 184
쇼핑 154
스토리 텔링 210

ㄱ

가격표 110
가입 64, 68
검색 방지 124
게스 224
계정 74
계정 삭제 125
고객관계 개선 206
관련성 149
관심사 38
구글 계정 초대 103
그룹 보드 172
기업 브랜딩 218
기프트 53

ㄴ

남녀성비 195

ㄷ

대고객 커뮤니케이션 209
댓글 107
디자인평가 172

신고 58

ㅇ

아이폰 앱 130
알림 121
앱 기능 131
앱 설치 132
앱 실행 135
앱으로 촬영 140
앱으로 핀 141
야후 계정 105
약속 업무 149
에브리씽 51
여행 계획 162
여행지 선정 162
역사 32
연동 72
웹 사이트 123
위시리스트 154
의견 58
이름 122
이메일 초대 102
이미지 123
이미지 북마크 40
인기 192
인바이트 49

ㅈ

자기 소개 96, 123
자기 표현 148
전략 수립 203
전용 콘텐츠 211
제네럴 일렉트릭 218
좋아요 107
진행 과정 161
집안 꾸미기 158, 161

ㅊ

초대 101
초대 요청 64
추천 155
친구 팔로잉 170

ㅋ

컨퓨즈드 230
코멘트 23, 48
콘텐츠 강화 210
콜드 브루 랩스 28
큐레이션 40, 148

ㅌ

트위터 65, 71

ㅍ

파퓰러 52
팔로우 23
팔로우 버튼 178
팔로잉 98, 171
페이스북 65
페이스북 계정 69
페이스북 사진 143
프로모션 206, 225
프로모션 구조 216
피너 22
핀 20, 48
핀과 보드 84
핀 업로드 87
핀 에티켓 56
핀잇 버튼 112, 212
핀 추가 85
핀 출처 190
핀터레스트 30
핀 화면 54

ㅎ

하이 퀄리티 176
해시 태그 174
홈 화면 48
환경 설정 120
활용 150
후캔핀 89

안 내

엄청나게 빠른 속도로 성장하고 있는 핀터레스트는 사용자들의 편의를 위해 끊임 없이 서비스를 개선하고 있으며, 이러한 이들의 노력에 경의를 표합니다

이 책은 핀터레스트에 관한 가장 최신의 내용을 담고 있습니다.
다만 핀터레스트 서비스 자체가 계속 변화하고 있어 이 책을 쓰는 기간 중에도 여러 번 서비스가 바뀌었으며, 그 때마다 계속 업데이트를 하였습니다.

책을 보시다가 핀터레스트의 화면과 다른 부분이 나오더라도 당황하시지 마시고 자세히 보시면 대부분 의미를 이해하는데 큰 문제가 없습니다. 대개의 경우 핀터레스트의 개선은 사용자의 혼란을 최소화하기 위해 부분적으로 개선되며, 개선 전 서비스와 차이가 그렇게 크게 나지 않습니다.

서비스가 바뀐 부분은 개정판에서 반영하여 제작하도록 하겠습니다.
즐핀하세요!

글쓴이 김석기

현재 로아컨설팅 이사로 재작중이며 중앙일보그룹 본사(중앙미디어네트워크) 뉴디바이스 사업총괄, 중앙일보 뉴디바이스 BU장, JoinsMSN 이사 역임. 삼성전자에서 UI/UX개발로 IT업계에서 입문했으며 2000년초 벤처 창업을 거쳐 다음커뮤니케이션에서 서비스기획, 사업기획 및 전략업무를 담당하였고 중앙일보그룹에서 그룹 전체의 뉴디바이스사업을 총괄하였다. 현재 한국 HCI 학회 대외협력위원이며 IT전문가 그룹인 PAG의 대표위원을 맡고 있다.
홍익대학교 시각디자인과졸업. 아주대 경영학과 석사. 저서로는 '핀터레스트 완전정복'이 있으며, IT관련 주요 컨퍼런스에서 모바일과 웹, 소셜에 대해 강연을 통해 인사이트를 공유하고 있다. KT경제경영연구소와 벤처스퀘어에 정기적으로 IT컬럼을 기고하며 IT 컬럼니스트로 활동하고 있다.

핀터레스트 완전정복

1판 1쇄 인쇄 2012년 5월 18일
1판 1쇄 발행 2012년 5월 23일

지은이 김석기 (neo@nweb.kr)
발행인 문아라
펴낸곳 클라우드북스
주소 서울 마포구 성산동 200-311
이메일 cloud@cloudbooks.co.kr
사이트 www.cloudbooks.co.kr
출판등록 313-2012-124
제작 (주)알에이치코리아

영업 마케팅 출판명인(주)
구입문의 02-6443-8838
클라우드북스는 RHK의 IT 임프린트 출판사입니다.

ISBN 978-89-97793-00-6 13560

※ 이 책에 실린 모든 내용, 디자인, 이미지, 편집구성의 저작권은 지은이와 클라우드북스에 있습니다.
※ 본사의 서면 허락없이는 책 내용의 전체나 일부를 어떠한 형태나수단으로도 이용하지 못합니다.
※ Pinterest 로고와 화면 디자인의 저작권은 Pinterest에 있습니다.
※ 잘못된 책은 구입하신 서점에서 바꾸어 드립니다.
※ 책값은 뒤표지에 있습니다.